JN307443

Ｊポップで考える哲学

自分を問い直すための15曲

戸谷洋志

講談社

Jポップで考える哲学
——自分を問い直すための15曲

目次

はじめに 7

装幀／岡本歌織（next door design）
装画／usi

はじめに

麻衣　みなさん、初めまして！　この本ではＪポップを題材にしながら様々な哲学の問題を考えていきます。私はアシスタント役の麻衣と申します。今年から大学一年生になりました。よろしくお願いします！

先生　ちょっと麻衣さん、アシスタントが先に自己紹介してどうするのですか。

麻衣　だって、先生が先に自己紹介したらこの本全体が怪しくなるかなー、と思って。

先生　そんなことはありません。どうも、みなさん初めまして。私は案内役を務める先生です。名前はまだありません。

麻衣　ほら、すごい怪しい。

先生　ええ、ごほん。みなさんは「哲学」にどのような印象をもっていますか？　もしかしたらとてもいい印象をもってくれているかも知れません。人生に示唆を与え、日々の漠然とした疑問に答えを与え、生きていく指針を与えてくれるようなものと思っておられるかも知れません。
あるいは、もしかしたら悪い印象をもたれてしまっているかも知れません。堅苦しい専門用語を使っていたり、何かにつけて論理的であることに固執していたり、目の前のコップが本当に存在するかを心配し始めたり、毎日同じ赤のチェックシャツを着ていたり。

麻衣 最後のはさすがに先生の偏見だと思いますが。

先生 そのどちらのイメージも間違ってはいません。哲学は、一方では私たちの人生を豊かにするものでありながら、他方では抽象的で難解で、そして何よりも厳密さを求める学問です。しかし、厳密さばかりを追い求め、専門用語だけで議論することに慣れてしまうと、私たちの人生との繋がりが希薄になっていき、何のために哲学をしているのか分からなくなっていきます。逆に、日常の役に立つ安易さを追い求めすぎると、今度は哲学の厳密さが失われ、単なる自己啓発と変わらなくなってしまいます。哲学をするということはそうした危ういバランスの上に成り立つ営みなのです。
そこで私たちはJポップを題材に選びました。それによって、厳密な考察を展開しながらも、私たちの実感に即した生きた哲学をすることができると期待されるからです。

なぜＪポップなのか？

麻衣　でも先生、なんでＪポップなんですか？　文学とか映画とか芸術作品でもよさそうだし、そもそもＪポップと哲学の組み合わせなんて聞いたことないし……。

先生　ふむ。いい質問ですね。それに答えるためには、そもそもＪポップとは何であるか、ということから考えなければなりません。

麻衣　おおお、哲学っぽい切り口ですね。

先生　Ｊポップの起源には様々な説があるのですが、一般には一九八八年以降に誕生した日本のポピュラーミュージックの総称であると考えられています。Ｊポップが最盛期を迎えるのは九〇年代後半から二〇〇〇年代初頭にかけてです。その後ＣＤの売り上げは減少していき、特殊な商法をしているアイドルグループを除いて衰退の一途を辿っています。

麻衣　あれあれ、衰退しているなら、なおのことなんでＪポップなんですか……。

先生　衰退しているのはＣＤの売り上げであって、Ｊポップそのものではありません。現在では、ダウンロードコンテンツの充実、動画投稿サイトの普及などによって、音楽消費のあり方自体が多様化しています。また、カラオケが一般化したことによって、別に好きな曲ではないけどカラオケ用に歌詞を完璧に覚えている、なんてこともよくあります。
　そうした多様な消費の総体がJポップという文化現象に他なりません。たとえCDの売り上げが低迷しているのであっても、それがJポップというカルチャーそのものの衰退にはなりません。むしろ今日でもJポップは私たちにとって相変わらず身近なものであるし、強い影響力をもっている、といえるでしょう。

麻衣　あー、確かに、CDで聴いたことは一度もないけど、カラオケで何度も聴いて覚えちゃった曲ってありますよね。

先生　はい。今や私たちの生活にJポップは欠かせないものになっています。そして、そうしたJポップがもつ大きな特徴は、それが言葉に重きを置く音楽である、ということです。

麻衣　言葉に重きを置く？　それってどういうことですか？

先生　たとえば、私たちはある種の文章に対して「これはJポップっぽい文章だ」という判断を下すことができます。

麻衣　あー、中学生の読書感想文とかそうなりがちですよね。

先生　はい。ところがこれは非常に興味深い現象です。私たちには、「これはオペラっぽい文章だ」とか「これはヴァイキング・メタルっぽい文章だ」という判断を下すことはできません。Ｊポップだけがある特殊な文章の様式をもつと理解されているのです。

麻衣　ヴァイキング・メタルっぽい中学生の読書感想文があったら逆に読んでみたいですね。

先生　この特殊な文章の様式とは、言い換えるなら、こういう言葉遣いをするのがＪポップだ、という言語観（暗黙の了解）のようなものです。

麻衣　それって、たとえば「地球」と書いて「セカイ」と読んだり、「未来」と書いて「ソラ」と読んだり、そういうことですか？

先生　はい。ただ、そうしたＪポップの言葉は多くの場合にはネガティブに評価されています。

麻衣　まぁ、「Ｊポップっぽい文章」なんて言われたら、それは稚拙だとか単純だっていうことですもんね。

先生　それはある面では間違いではありません。確かにＪポップの詞はしばしば単純です。しかし、だからこそその言葉は端的に私たちの胸に突き刺さり、ストレートな共感を引き起こす力をもっている、と捉えることもできます。

たとえば、この本では西野カナの「会いたくて会いたくて」という曲を取り上げる予定ですが、その詞のなかには「会いたくて　会いたくて　震える」という非常に有名なフレーズが含まれています。

麻衣　そんなに会いたくて震えるのかよ、っていうツッコミを私は百万回くらい聞きましたよ。

先生　そういうツッコミがくるのはよく分かります。ただ、それがどんなに単純な表現であったとしても、「会いたくて震える」という言葉で彼女が表現しようとした気持ちに多くの人が共感しうることは事実です。ではその「会いたくて震える」という言葉の内容を、「会いたくて震える」という言葉を使わずに説明できるでしょうか？　恐らくこれは非常に困難な作業になります。

麻衣　あー、うーん……確かにそうかも知れませんね。「寂しい」っていうだけじゃ「会いたくて震える」の切実さと少し違う気がしますし……。

先生　これは予告ですが、私たちは「会いたくて震える」という歌詞を手がかりにして自己と他者の関係を考察していく予定です。これは哲学の世界では他者論と呼ばれている分野に該当します。

麻衣　うわ、そんな難しそうなことをカナやんから考えていくのですか。

先生　むしろ、難しいことだからこそ、西野カナの詞が有効に働くのです。Ｊポップの詞はストレートです。しかし、だからこそ事柄の本質へと迫っていくためのヒントにもなってくれるはずです。それがこの本の基本的なコンセプトに他なりません。

ですから私たちは、Ｊポップを取り上げはしますが、原則的にはその歌詞にだけ注目します。メロディーに言及することもありますが、それはあくまでも補足的なものと考えてください。

麻衣 なるほど。つまり、Ｊポップの独特だけれどもストレートな詞を上手く利用して、難解で抽象的な哲学のテーマを考えていく、ということですね。

先生 その通りです。さすが、すでに立派にアシスタント役を果たしてくれていますね。

麻衣 へへへ、ありがとうございます。

私たちの言葉で哲学する

先生 私たちがやろうとしていることはＪポップの批評ではありません。また、大学で教えているような専門的な哲学をレクチャーすることでもありません。そうではなく、Ｊポップの言葉で哲学をすることです。そしてＪポップの言葉が私たちに広く浸透している言語観である以上、それは私たちの言葉で哲学をする、ということでもあります。ですから、私たちはこの本では哲学の専門用語を可能な限り避け、できるだけ日常的な言葉で思考するように努めましょう。

麻衣　でも先生、それってもはや哲学ではなくなっているのでは……。

先生　いいえ、決してそんなことはありません。むしろ、私たちは自分たちの言葉で哲学することによって、哲学自体を新たに再形成しようとしているのです。

麻衣　おおお、なんだか壮大な話になってきた。

先生　私たちの言葉で哲学する、ということは、私たちの問題を考える、ということです。Jポップを通じて哲学することから見えてくるのは、今を生きている私たちにとって何が問題なのか、何が大切なことなのか、何を考えなければならないのか、ということです。それは哲学自身に新しい一ページを書き加えることにもなるでしょう。

麻衣　そんな凄いこと私にできるのか自信がなくなってきました……。

先生　不安に思う必要はありません。大事なことは、問題を自分のこととして考え、そしてそれを生きた言葉で説明してみる、ということです。それは確かに簡単なことではありませんが、しかし私たちの常識を揺さぶるような刺激的な営みでもあります。

麻衣　うーん……とりあえず頑張ってみます。

先生　この本は五つの章からなり、十五曲を題材に取り上げていきます。各章のタイトルはそれぞれ「自分」、「恋愛」、「時間」、「死」、「人生」です。章は基本的には連続していますので、私としては最初の章から順に読んでいくことをお勧めします。ただ、もちろんどこから読むかはみなさんの自由です。気になるテーマから読んでもいいし、好きなアーティストが取り上げられているところから読むのもいいかも知れません。

麻衣　あの、先生、それで私は何をしたらいいんですか？

先生　麻衣さんには私の対話のパートナーを務めてもらいます。私は先生役ですが、しかし私の言うことが絶対であるわけではありません。何か疑問に思ったり、反論が思い浮かんだりしたらいつでもツッコミを入れてください。

麻衣　ほほーう。任せてください。ビシバシいきますよ。

先生　また、私の説明が抽象的になったり、分かり難くなったりしたときには、言葉を補ったり日常的な表現に置き換えたりして、議論をアシストして頂きたいです。切に宜しく御願ひ上げ候。

麻衣　急に壊れた人工知能みたいになりましたね。頑張ります！

先生　この本には他にも色々な読み方がありえます。楽曲を実際に聴きながら読んでみると新しい発見があるかも知れません。また、ミュージックビデオを観てみることも思索を深めるのに役立つでしょう。
では早速、最初の章に取り掛かるとしましょう。どうか最後までお付き合いください。

麻衣　新しい哲学の世界へ、ようこそ！

第一章 自分

先生　さて、最初の章では「自分」に関する問題を考えていきます。

麻衣　いきなり難しそうなテーマですね……。

先生　確かに、ある意味で「自分」は難しいテーマです。同時に、哲学だけが取り扱うことのできる専売特許のような問題でもあります。

麻衣　他の学問では「自分」の問題は分からない、っていうことですか？

先生　その通りです。例えば、物理学だったら、様々な問題を解決するために実験装置を用いたり、観測装置を用いたりすることができます。生物学なら解剖をすることで身体の構造を調べることができるでしょう。こうした研究の方法は、実際に研究対象を目の前にポンと置いて、それにあれこれ手を加えて検証するというスタイルです。

しかし、「自分」はそんな風に研究することのできないものです。「自分」をテーブルの上にポンと置くことはできませんし、「自分」にメスを入れて中身を観察することもできません。なぜなら、そういう風に研究をしている私たち自身が、それぞれ「自分」であるからです。

麻衣　えーと……。だったらどうしたらいいんでしょうか……？

先生　はい。「自分」の問題を考えるためには、まず自分自身のことを考える必要があります。つまり、実験対象や解剖対象を相手にするようにではなく、他でもない自分のこととして問題を考える、ということです。そうした考察の方法を反省といいます。

麻衣　うーん、なんかもうすでに頭が痛いんですけど……。

先生　大丈夫。私たちにはJポップという名の心強い導きの糸があるんですから。心配は無用ですよ。

麻衣　ああ、はぁ……（頼りないような……）。

先生　いま何か言いましたか？

麻衣　いえっ！　なにもっ！

一「自分らしさ」とは何か？

「名もなき詩」

Mr. Children

先生 先ほど、「自分」が優れて哲学的なテーマであるということを指摘しました。

麻衣 自分自身のこととして考えないといけない、ということですね。

先生 そうです。ところが、実はそれは簡単なことではありません。私たちにとって、自分とは何なのだろうか、自分の「自分らしさ」とは何なのだろうか、という問題は、考えれば考えるほど漠然としていて、なかなか答えがでないものです。

麻衣 「自分らしさ」といわれると急にJポップ感が溢れてきますね。

先生 仰《おっしゃ》る通り、自分らしさはある意味でJポップの代名詞のような言葉です。それは若者にとってそれだけ切実な問題であるということの表れでしょう。

ところで、麻衣さんにとっての自分らしさって何ですか？

麻衣 え、私の自分らしさですか？　うーん……。周りの友達からは、結構ツッコミ役だよね、っていわれますね。

先生 ふむふむ。他にはどうでしょう。

麻衣 あと、ワンピースが似合うともいわれます。基本的にお洒落をすることが好きです。

先生 なるほど。ファッションには自分らしさが色濃く反映されますからね。

麻衣 それから、映画を観るのも好きですね。邦画で、淡々と美しい情景を描いているような映画をよく観ます。グロテスクなやつは苦手です。あと、小説とか、音楽も好きだし……。全体的に趣味が文化系だと思います。

先生　ありがとうございます。要約すると、麻衣さんはツッコミ気質で、お洒落や映画鑑賞が好きな、典型的な文化系女子、ということですね。

麻衣　微妙な悪意を感じるのは気のせいでしょうか。

先生　もちろん気のせいです。つまり、今言ったようなことが、麻衣さんにとっての自分らしさである、ということですね。

麻衣　そうですね。でも、それも友達から言われていることだし、私自身にとって自分らしさとは何だろうと考えると……ちょっと難しいですね。

先生　結構です。まさにそれがここで取り上げたい問題です。私たちはどんなときでも「自分」です。そうである以上、私たちは誰よりも自分らしさをよく知ることができるはずです。しかし、そうであるにも拘わらず、自分らしさをはっきりと確信することは簡単ではありません。なぜなのでしょうか？　この問題に答えることから、議論を始めましょう。最初に取り上げるのは、Mr. Childrenの「名もなき詩《うた》」です。

麻衣　おお！　一曲目から渋いですね！

名もなき詩 ——Mr. Children

作詞　桜井和寿

ちょっとぐらいの汚れ物ならば
残さずに全部食べてやる
Oh darlin　君は誰
真実を握りしめる
君が僕を疑っているのなら
この喉を切ってくれてやる
Oh darlin　僕はノータリン
大切な物をあげる
苛立つような街並みに立ったって
感情さえもリアルに
持てなくなりそうだけど
こんな不調和な生活の中で
たまに情緒不安定になるだろう?
でも　darlin　共に悩んだり
生涯を君に捧ぐ
あるがままの心で生きられぬ弱さを
誰かのせいにして過ごしている
知らぬ間に築いていた
自分らしさの檻の中で
もがいているなら

僕だってそうなんだ

〔……中略……〕

だけど
あるがままの心で生きようと願うから
人はまた傷ついてゆく
知らぬ間に築いていた
自分らしさの檻の中で
もがいているなら
誰だってそう
僕だってそうなんだ
愛情ってゆう形のないもの

伝えるのはいつも困難だね
だから　darlin　この「名もなき詩」を
いつまでも君に捧ぐ

先生　「名もなき詩」はMr. Childrenが一九九六年にリリースした通算十枚目のシングル曲です。その年のランキングで一位にも輝いた、非常に有名な曲ですね。麻衣さんはその頃何歳でしたか?

麻衣　まだ産まれてないですね。

先生　そうでしたか。それなら、君がまだ天国で日向ぼっこしていた頃かも知れません。

麻衣　先生って個性的ですよね。

先生　ということは、この曲を聴いたこともないということでしょうか。

麻衣　いいえ、もちろん聴いたことありますよ。有名だし、カラオケで時々男子が歌ってますし。

先生　よかったです。Mr. Childrenの詞は、しばしば非常に難解になることで有名です。この曲でもいくつか抽象的な表現が用いられています。

麻衣　「真実を握りしめる」とか、ちょっと含みのある言葉が使われていますね。

先生　実にミスチルっぽい言葉遣いです。まず、少し大雑把に、この詞のメッセージを概観してみましょう。この詞では、社会での生活に疲れている心情と、「君」に対して寄せられる心情とがかなりはっきりと区別されています。

麻衣　社会での生活には嫌気が差しているみたいですね。「苛立つような街並み」と

先生　か、「こんな不調和な生活」とか。
そうした言葉で言い表されているのは、会社での人間関係や、表面的な友人関係、あるいは家族との軋轢《あつれき》のようなものかも知れません。

麻衣　でも、「僕」が何に苛立っているかがはっきりと明言されているわけではないですよね。むしろ、漠然とした苛立ちっていう感じがします。とにかくただイライラする、みたいな。

先生　ふむ、鋭い解釈ですね。そして、そうした社会への苛立ちを解消させてしまうのが「君」の存在です。社会での生活が表面的で薄弱なものであり、「僕」にとってリアリティの乏しいものであるのに対して、「君」との関係は個人的で内密なものであり、「僕」のリアリティそのものとして描かれています。

麻衣　愛さえあれば頑張れる、ってわけですね。

先生　そうです、と、言いたいところですが、実はそう単純でもありません。「僕」は「君」との関係に対してもやもやとした感情を抱いています。次の部分を見てみましょう。

　　あるがままの心で生きられぬ弱さを
　　誰かのせいにして過ごしている

知らぬ間に築いていた自分らしさの檻の中で
もがいているなら
僕だってそうなんだ

あるがままの心で生きようと願うから
人はまた傷ついてゆく
知らぬ間に築いていた自分らしさの檻の中で
もがいているなら
誰だってそう
僕だってそうなんだ

麻衣　あ、「自分らしさ」っていう言葉が出てきましたね。

先生　はい。しかし注意するべきなのは、それが「自分らしさの檻」と表現されていることです。ここで「自分らしさ」は明らかにネガティブなものとして描かれています。麻衣さん、「檻」とはどのようなものでしょう？

麻衣　えーと、人をそのなかに閉じ込めて、その人の自由を束縛するもの、といったところでしょうか？

先生　その通り。そうだとすれば、「僕」は自らの「自分らしさ」によって閉じ込められ、自由を失っている、ということになりそうです。

麻衣　「自分らしさ」に雁字搦《がんじがら》めになっている、っていうことですかね？

先生　そういうこともできるでしょう。しかし、もう一つ不思議な文があります。それは、「あるがままの心で生きようと願うから　人はまた傷ついてゆく」という部分です。ここでは、本当は「あるがままの心」で生きていこうとしているにも拘わらず、結果的に「自分らしさの檻」に囚われてしまう、結果的に心に深い傷を負うという逆説的な事態が描かれています。

麻衣　あ、ということは、「あるがままの心」と「自分らしさの檻」って、それぞれ対立するものなんですかね？

先生　そう考えることができるはずです。まず、この対立関係について考えてみましょう。

「あるがままの心」と「自分らしさの檻」

先生　さて麻衣さん。「あるがままの心」と「自分らしさの檻」とはそれぞれなにを意味しているのでしょう？

麻衣　うーん。ちょっと視点を広げてもいいなら、「あるがままの心」に似た言葉って色々あると思うんですよね。「ありのままの私」とか「透明な私」とか「素の自分」とか。

先生　確かに、特に若い人にとっては、そうした一連の言葉は馴染《なじ》み深いものかも知れません。

麻衣　そういう言葉で言い表されていることって、演技をしていない自分というか、嘘をついていない自分というか……そういう、それこそありのままの状態を指しているんだと思います。

先生　なるほど。それに対して「自分らしさの檻」はどんなことを指すのでしょうか？

麻衣　嘘や演技で作られた自分、っていうことですかね。しかもそれが息苦しさを催させるような状態だと思います。

先生　ふむふむ。でも、自分らしさを演じることが息苦しくなるのはなぜでしょうか。

麻衣　それは……。やっぱり、思っていないことを言わないといけないし、周りの期待を裏切らないように気を使わないといけないからだと思います。

先生　ありがとうございます。「あるがままの心」と「自分らしさの檻」の違いは、いま麻衣さんが説明してくれたことで問題ないと思います。

麻衣　そういえば、先ほど麻衣さんは、ご自身の自分らしさを「ツッコミ気質で、お洒落や映画鑑賞が好きな、典型的な文化系女子」と定義されていました。

先生　それは先生がした定義では……。

麻衣　麻衣さんにとって、それは「あるがままの心」なのでしょうか、それとも「自分らしさの檻」なのでしょうか？

先生　うっ。そんな直球で聞いちゃいますか。

麻衣　フィーリングで結構ですよ。

先生　うーん。とりあえず、私は、自分のいまの生き方に息苦しさは感じてないです。でも、じゃあ「私の自分らしさは何なんだろう？」って考えだすと、よく分からなくなります。

麻衣　確信がない、ということでしょうか？

先生　はい、そんな感じです。なんていうか……「これが私だっ！」って思える要素がなにもないんですよね。例えば私がすごく有名なピアニストだったり、天才的なスポーツ選手で金メダルを取っていたりすれば、話は別なんですけど、ただの平凡な女子大生なので。

先生　なるほど。しかし、そうだとすれば、多くの人々は自らの自分らしさに確信がもてないことになります。

麻衣 確かにそうですね……。そう考えるとちょっとテンション下がっちゃいます……。

先生 そんなサウナに置き去りにされたペンギンみたいな顔をしないでください。

麻衣 どんな顔ですか。

先生 麻衣さんの言う通り、私たちは一人ではありのままの「自分らしさ」を確信することができません。そこに「自分らしさ」を作り上げようとすれば、それは「檻」になって私たちを息苦しくさせてしまいます。しかし、なぜ、私たちには「自分らしさ」を確信することができないのでしょうか？　その理由を、もう一歩深く考えてみましょう。

「自分」を考えることは可能か？

先生 この章の冒頭で、「自分」を考えることの難しさについて触れました。冗長になることを承知でもう一度繰り返すなら、私たちはどんなときでも「自分」であるのだから、「自分」を取り出してみて観察することができない、という難しさです。実は、自分らしさに確信をもてない理由もここに潜んでいます。この問題を徹底的に考えた人物が、近代ドイツの哲学者であるカント*です。

麻衣　あ、高校の倫理で習いました。忘れたけど。

先生　カントはこんな風に考えました。私たちが何かを考えるとき、考える主体と、考えられる客体を切り離すことができます。たとえば、麻衣さんがリンゴについて考えているとしましょう。このとき、考える主体は麻衣さんであり、考えられている客体がリンゴです。

麻衣　まぁ、普通に考えればそうですよね。

先生　このように、思考において主体と客体は分離します。この図式は原則的にあらゆる場面で適用されます。鉄筋コンクリートについて考えるときにも、ヨーグルトについて考えるときにも、思考の主体と客体との間で分離が生じることに変わりはありません。しかし、「自分」を考えようとするとき、ある困難が生じることになるのです。どんな困難か、分かりますか？

麻衣　えーと……。分からないです。

先生　いいですか、「自分」を考えようとするときでも、考える主体は「自分」です。しかし、考えられる客体も「自分」になってしまいます。そうだとすれば、このとき「自分」が主体と客体とに分裂してしまうのです。

麻衣　うっ。なんだかいきなり哲学感が増してきましたね……。

先生　これは哲学の世界では「自我論」と呼ばれる問題です。ただ、ここで押さえておいて頂きたいことはシンプルです。
たとえば、麻衣さんが「自分」について考えるとしましょう。そのとき、麻衣さんは、「考えられている麻衣さん」とそれを「考えている麻衣さん」に分裂してしまいます。「考えられている麻衣さん」、言い換えるなら思考の客体としての麻衣さんは、文化系女子かも知れません。しかし、そこには「考えている麻衣さん」、言い換えるなら思考の主体としての麻衣さんが含まれていません。そうである以上、それはありのままの麻衣さんではありえません。

麻衣　はいっ！　先生っ！　反論！

先生　どうぞ。

麻衣　だったら、「考えている自分」について考えればいいんじゃないでしょうか。つまり、「自分を考えている自分」を考える、っていうことです。そうすれば、「自分」という概念の分裂を食い止めて、ありのままの「自分」が分かるんじゃないですか？

先生　いいアイデアですが、それでもうまくいかないでしょう。「自分を考えている自分」を考えるときも、思考の主体と客体は分裂してしまいます。そのとき、思考の客体になるのは「自分を考えている自分」ですが、思考の主体は「自分を考えている自分を考えている自分」です。

麻衣　なるほど……。それっていつまでも繰り返されそう。

先生　その通り。「自分」を真剣に考えようとすると、「自分」という概念は無限に分裂を繰り返します。なぜなら、どんな状況であれ、考えているのは自分であるからです。そしてこの「考えている自分」は、いつまでも思考の客体にはなりえないのです。

　こうした理由から、カントは、ありのままの「自分」を知ることは不可能である、と主張しました。そんなことは最初から人間にはできないのだ、と。

自分のことは知りえない

先生　私たちは、ありのままの「自分」を捉えようとすると、必ずそれに失敗します。「名もなき詩」は、まさにその歯がゆい事態を見事に描き出しているといえるでしょう。「あるがままの心で生きようと願う」からこそ、翻《ひるがえ》って、「あるがままの心」に確信がもてず、演技ばかりしている自分が際立ってきて、「自分らしさの檻」に閉じ込められてしまう。ここには「自分」を考えることの理論的な限界が示されています。

麻衣 先生、いきなりこんな悲しい話からスタートしていいのでしょうか……？

先生 悲しい？ いえいえ、何も悲しい話ではありません。私たちが検討してきたのは、誰にとってもありのままの「自分」は分からない、ということです。それは「自分らしさ」に確信がもてないのは個人のせいではない、ということを意味しています。たとえ、「自分」に自信をもつことができなくても、それは「自分」を真剣に考えていることの証であって、他の人より劣っているとか、凡庸で価値の低い人間だ、ということを意味するのではまったくありません。

麻衣 おお、先生が初めて先生らしいことを言っている……。

先生 そして、ここが哲学的な思索の出発点です。私たちは一人では「自分」を知ることができません。「自分」とはどこまでも謎を秘めた深い洞窟のようなものです。私たちはその奥に光をもって進んでいかなければなりません。そのための一歩一歩を進めることこそ、哲学的な思考に他ならないのです。

＊イマヌエル・カント（Immanuel Kant）一七二四―一八〇四。ドイツの哲学者。批判哲学を標榜し、後の西洋哲学に大きな影響を及ぼした。規則正しい生活を送っていて、街の人々はカントが散歩する様子を見て時間を知ったほど。主著に『純粋理性批判』『実践理性批判』『判断力批判』などがある。ちなみに死後の顔で作ったデスマスクが存在する。

二「自分ではないもの」から見える「自分」

「私以外私じゃないの」

ゲスの極み乙女。

先生　麻衣さん、なにやら暗い顔をしていますが、大丈夫ですか？

麻衣　いやだって、先生がいきなり「自分」は知りえないなんて結論を出すから、不安になっちゃって。

先生　大丈夫ですよ。知りえないからこそ追究する価値があるのですから。

麻衣　でも、もし本当に知りえないなら、「自分」について考えたって意味がない、っていうことになりませんか？

先生　そんなことはありません。私たちはまだ「自分」という問題のほんの表面に触れてみただけです。ここから、もう一歩踏み込んで考えていきましょう。

麻衣　また難しくなりそうな予感。

先生　まぁそう構えないでください。先ほど私たちは、ありのままの「自分」を知ることができるか、という問いを立て、これに答えました。しかし、実は黙っていたのですが、私たちはある暗黙の前提に立って議論していたのです。

麻衣　なんですかその告白タイム。

先生　それは、「自分」について一人で考えている、ということです。言い換えるなら、孤独に、一人ぼっちで沈思黙考しているということです。

麻衣　あ、そういえばそうでしたね。

先生　しかし、よく考えてみれば、これは現実に忠実な考え方ではありません。というのも、この世界には「自分」だけが存在しているわけではなく、「自分ではないもの」もまた存在するからです。そして、「自分」は常に「自分ではないもの」と関係することでしか考えられません。

麻衣　ん？　「自分ではないもの」と関係するって、どういうことですか？

先生　たとえば麻衣さんは、ご自身を「文化系女子」と自称されているわけですが。

麻衣　私がいつ自称しましたか……。

先生　「文化系女子」という言葉は、「リケジョ」や「ギャル」ではない、ということを含んでいます。つまり、「私は文化系女子である」と言うとき、それは「私はリケジョやギャルではない」と言っているのと等しいわけです。そういう意味で「自分」について語るということは、「自分ではないもの」について語ることと等しい、ということです。

麻衣　まぁ、確かに私はリケジョやギャルではありませんね。

先生　先ほど私たちは「自分」を自分一人で考えていました。しかし、むしろ「自分ではないもの」との関係から考えていくことで、新しい突破口が見えてくるかも知れません。それが今回のテーマです。ここで取り上げるのは、ゲスの極み乙女。の「私以外私じゃないの」です。

麻衣　おお！　一気に新しくなりましたね！

私以外私じゃないの

――ゲスの極み乙女。

作詞 川谷絵音

私以外私じゃないの
冴えない顔で泣いちゃった夜を重ねて
絶え間のない暮らしを今日も重ねた
良くなりそうな明日に期待する度に
何度も今日を鏡台の裏に隠した
映る私は何回も瞬きしては
変わる心に簡単に動揺したわ
だけど意外と目を瞑った瞬間に
悪くないなって思いながら
明日を悟ったんだ
私以外私じゃないの
当たり前だけどね
だから報われない気持ちも整理して
生きていたいの
普通でしょう?

〔……中略……〕

恥ずかしくて言えないけど
私にしか守れないものを

身を削って紡いだら
案外さ、悪くないかもよ

私以外私じゃないの
当たり前だけどね
だから報われない気持ちも整理して
生きていたいと思うのよ
私以外私じゃないの
誰も替われないわ
今日を取り出して逃げないようにして
明日に投げ込んで目を開けたんだ

私以外私じゃないの
どうやらあなたもそう

誰も替われないってことみたいね
背を向けて言い合った
だから私はもう怖くないんだ
夜更け過ぎを待つわ
今日も報われない気持ちを整理して
生きてたいって思うの
息を吸い込んだ

先生　「私以外私じゃないの」は、二〇一五年に発表されたゲスの極み乙女。の二枚目のシングル曲です。

麻衣　この曲、私は結構聴きましたよー。

先生　タイトルが強烈なのはもちろんですが、詞にもインパクトがありますね。ゲスの極み乙女。らしい、ともすれば露悪的にならざるをえない正直さが前面に押し出されています。

麻衣　ゲス乙女は、ヴォーカルの歌い方が独特なんですよね。歌なのか語りなのか分からないような自然な声で歌っているから、詞がするする頭に入ってくるんですよ。なんか、私に向かって語り掛けられているみたいな気持ちになります。

先生　この詞は大きく分けて二つの場面から成り立っています。一つは、日々の営みのなかで「私」の存在に確信がもてなくなる場面、そしてもう一つは、「私」が「私以外」の何物でもないという自覚を得ることによって、「自分」への確信を取り戻すという場面です。まずは最初の場面を見てみましょう。

冴えない顔で泣いちゃった夜を重ねて
絶え間のない暮らしを今日も重ねた
良くなりそうな明日に期待する度に

何度も今日を鏡台の裏に隠した
映る私は何回も瞬きしては
変わる心に簡単に動揺したわ

先生　少し難しい詞ですね。麻衣さん、ここで言われていることをちょっと解釈してくれませんか。

麻衣　この場面、私には不倫の現場のように思えます。

先生　ほう、不倫ですか。

麻衣　はい。「泣いちゃった夜」とか、「鏡台」とか、そういうイメージがなんとなく。

先生　大学一年生のわりに渋い解釈をするのですね。

麻衣　この詞には、自分がころころ変わってしまうことへの虚《むな》しさが描かれているように思います。本当はもっとビシッと筋を通して生きていたいのに、気持ちはすごく移ろいやすい。だから不倫しちゃう。「鏡」を見て、そんな弱い自分の一面を突き付けられているような気がして、詞のなかの「私」は怯《おび》えている。そんな風に感じました。

先生　素晴らしい。私からは到底出てこない豊かな解釈です。

麻衣　へへへ。ありがとうございます。あ、別に作者がどうこうというわけではないですからね！

先生　もちろん、あくまで作品の解釈ですよね。ここでは麻衣さんが言う通り、「自分」の移ろいやすさに対する虚無感が描かれています。しかし、直後にこの虚無感を克服する可能性も提示されています。それが次の詞です。

　私以外私じゃないの
　当たり前だけどね
　だから報われない気持ちも整理して
　生きていたいの
　普通でしょう？

麻衣　まぁ、まさしく「当たり前のこと」ですよね。

先生　先ほどの麻衣さんの解釈とつなげれば、この詞は次のように読み解くことができるでしょう。どんなに「私」が弱くて、心変わりしやすいのだとしても、「私以外私じゃない」という事実だけは、変わらずに「私」の手の中に残る。その事実は、不確かな「私」がもつ唯一の確かさのように感じられます。その自覚を得ることによって、「私」は自己否定の渦から脱出する可能性を見出そうとしているようです。

「自分」と「自分ではないもの」

先生　この詞から学べることが一つあります。それは、たとえ私たちが「自分」を認識することができないとしても、「私以外私じゃない」という事実は疑いえないものとして確信できる、ということです。

麻衣　うん、確かに疑いえませんね。

先生　しかーし、それをあえて疑ってみるのが哲学です。

麻衣　先生、なんだか楽しそうですね。

先生　ここで「私以外私じゃないの」という言葉の意味を少し整理しておきましょう。

「私以外」と呼ばれているのは、「私ではないもの」です。そのため、この言葉は「私ではないものは私ではない」と言っているのに等しいです。さて麻衣さん、この言葉は本当に疑いえないといえるでしょうか？

麻衣　疑いえないと思います！

先生　自信満々ですね。なぜでしょう?

麻衣　だって、「私ではないもの」が「私」になることはできないですよね? そもそも最初から「私ではない」んだから。だとしたら、「私ではないものは私ではない」という言葉はただただひたすら正しいと思います。

先生　つまり、麻衣さんが言いたいことは、論理的に説明すれば次のようなことでしょうか。「私ではない」ものは「私」か「私ではないもの」のいずれかでしかない。「私ではないもの」は「私」ではない。従って「私ではないものは私ではない」という言葉は正しい。

麻衣　私そんなややこしいことを言ったのでしょうか……。でも、多分そういうことだと思います。

先生　確かに、論理的にはそういえるかも知れません。しかし、「私以外も私である」という状況がまったく想像できないわけでもありません。

麻衣　うーん? ちょっと私には想像できないですが。

先生　では、ちょっと極端な想像をしてみましょう。

麻衣　はい。

先生　この世界がすべてドロドロのゼリーだとします。

麻衣　先生、気持ち悪いです。

先生　人間もゼリーになっていて、個体としての形を失っています。
麻衣　先生、気持ち悪いです。
先生　いうまでもなく、私や麻衣さんもゼリーです。
麻衣　先生無視しないでください。
先生　そうだとすると、すべてのものがドロッと一つにくっついて、一つのゼリーになることが考えられます。どうでしょう。この状況でも「私以外私じゃないの」といえるでしょうか？
麻衣　その前に吐きそうなんですが。
先生　そう言わずに考えてみてください。
麻衣　うーん。つまり、この世界のすべてのものがゼリー状になっていて、全部が一つになってしまうわけですよね？
先生　その通りです。
麻衣　なるほど、そうだとしたら、「私以外私じゃないの」って言えなくなるのかなぁ……。つまり、その時には「私」と「私ではないもの」の区別がなくなっているわけですよね。
先生　ファイナルアンサー？
麻衣　ファイナルアンサーっ！

先生　残念。やはりそうではないのです。

麻衣　へ、なんでです？

先生　ちょっと考えてみましょう。あらゆるものがゼリーになり、一つのものに合体し、そこに「私」と「私ではないもの」の区別がないのだとしたら、それは、そのゼリーの塊以外には何も存在しないことになります。

麻衣　まぁ確かにそうなりますよね。

先生　そうだとすれば、そこには「私」以外のものが何も存在しない、ということになります。そのとき、「私」には、「私ではないもの」を見たり触ったりすることができなくなります。

先ほどの議論をもう一度引用するなら、そこには思考の客体となりえるものがなにも存在しない、ということです。しかし、客体がなければ思考の主体もまた生じません。そうなれば、そもそも意識自体が生じなくなるはずです。何かを考えるとか、何かを意識するっていうこと自体がなくなるはずです。そうである以上、「私」について考えることもなくなるはずです。要するに、「私ではないもの」が存在しなければ、「私」について考えたり、「私」と語ることはできないのです。

このことは、もう少し整理すれば、次のようにいうことができます。「私」、あるいは「私」という概念が成り立つためには、そこから区別される「私ではないもの」、つまり他者が存在しなければならない、ということです。「私」は「私ではないもの」と関わることで初めて成り立つ概念です。その限りにおいて、「私以外私じゃない」という言葉は、「私」という概念の可能性の条件を示していると考えることもできるわけです。

麻衣　可能性の条件……。また難しいフレーバーのする言葉が出てきましたね。

先生　いえ、決して難しくありません。「私」が「私」であるためには、「私」が「私ではないもの」から区別されなければならない、ということです。ただそれだけのことです。簡単でしょ？

麻衣　まぁ、簡単といえば簡単ですが……。

先生　つまり、そうした意味において、「私以外私じゃない」という命題は、「自分」という概念を考えるためのもっとも基本的な前提なのです。このことを強く主張したのが、近代ドイツの哲学者フィヒテ*です。

麻衣　あまり聞いたことないですね。

先生　確かに、先ほど出てきたカントに比べれば知名度は低いかも知れません。それでも、西洋の哲学史ではとても重要な哲学者です。フィヒテは、「自分」という概念が成り立つのは、「自分」ではないものに出会い、それが「自分ではない」と考えることによってである、と考えました。そうした「自分ではないもの」をフィヒテは「非我」と呼びます。

麻衣　「我ではないもの」っていうことですか。

先生　その通りです。フィヒテもカントと同様に、私たちはどれだけ一人で考えていても「自分」自身を知ることはできないと考えました。むしろ、「非我」、つまり自分ではないものと出会い、「私はこれではないんだ」と「自分」を限定することで、はじめて「自分」の輪郭が浮かび上がってくる。それがフィヒテの主張です。

　先ほど述べた通り、私たちには自分が何者であるかをはっきりと断言することができません。しかし、自分が何でないかを断言することはできます。たとえば、ここにリンゴがあるとしましょう。リンゴは麻衣さんにとって「非我」です。麻衣さんは「自分はリンゴではない」というはっきりとした確信をもてるはずです。それが「自分」に限定を与えるということです。そんな風にして「非我」が「自分」ではないと知ることで、私たちは「自分」の輪郭を少しだけはっきりとさせることができるのです。

麻衣　あ、でもそれって、「私以外私じゃないの」の詞でいわれていることとほとんど同じですよね！

先生　はい。詞の中の「私」は、「私以外私じゃない」と語ることで、曖昧《あいまい》な自分の存在に確固とした輪郭を与えようとしています。そうすることで、自分の気持ちに少しでも安定を与えたかったのかも知れません。

他者との排他的な関係

先生　ところで、この詞にはもう一つ見逃してはいけないメッセージがあります。次の部分です。

私以外私じゃないの
どうやらあなたもそう
誰も替われないってことみたいね
背を向けて言い合った

先生　さて麻衣さん。この部分はどう解釈しますか？
麻衣　ここでは「どうやらあなたもそう」って言ってますね。
先生　まさにそこが鍵になってきます。

麻衣　普通に考えれば、「私」に関していえることが「あなた」にも同じように当てはまる、っていうことではないでしょうか。

先生　ほう、つまりどういうことでしょうか？

麻衣　つまり……。「私」は、「私以外私じゃない」っていう確信を得たことで、まぁなんていうか、ちょっと気持ちが楽になったわけですよね。だけど、自分のことを「私」って呼べるのは、この歌詞の主人公だけじゃなくて、すべての人間に当てはまるわけですよね。つまり「あなた」だって自分のことを語るときには「私」というわけだから。

先生　すべての人間は自分のことを「私」という一人称で語るのだから、「私以外私じゃない」という命題は、「あなた」を含めたすべての人間に適用される、ということでしょうか？

麻衣　はい。そういうことだと思います。

先生　結構です。少し難しいですが、こう整理することもできるでしょう。麻衣さんが指摘してくれた通り、「私以外私じゃない」という基本的な命題は、「私以外」の「私」、つまり他の人間たちにも当てはまるものです。たとえばこの詞のなかでは「あなた」です。そうだとすれば、「私」が「あなた」ではないのと同様に、「あなた」は「私」ではありません。

麻衣　「私」と「あなた」は一つになれないわけですか。切ない。

先生　そうですね。でもそれはネガティブなことだけを意味するわけではありません。「私以外私じゃない」ということは、「私」が他の何かと交換できない存在であるということ、つまり、たった一つのかけがえのない存在であることを意味しています。そのメッセージが、「誰も替われないってことみたいね」という一文に込められています。

麻衣　でも先生、それって本当にネガティブなことではないんですかね？　だって、詞のなかで「私」と「あなた」は「背を向けて言い合った」わけですよね。お互いの顔を見ないで、別々の方を向いて話してる。それってなんだか寂しくないですか？

先生　ふむ。確かに、それを寂しいと感じることは分からなくはありません。しかし、「私以外私じゃない」という考え方を突き詰めていくとき、こうした人間関係に至ることは避けられないということが、この曲のメッセージのようです。

麻衣　うーん。まぁ、この詞の「私」って、人と関わることに疲れているようにも見えるから、それでもいいんですかね。

先生　もちろん、「私以外私じゃないの」で、人間関係のすべてを語り尽くすことはなんできません。ここで押さえておきたいのは、「自分」を考えるということは、「自分ではないもの」との関係のなかでしか成り立たない、ということです。ですから、「自分」とは何かという問いを一人だけで考え続けていても、結局「自分」のことは何も分かりません。むしろ私たちは、「自分ではないもの」とどう関わっているのかという観点から、「自分」を考えていく必要があるのです。

＊ヨハン・ゴットリープ・フィヒテ（Johann Gottlieb Fichte） 一七六二—一八一四。ドイツの哲学者。カントの哲学を継承しながら、ドイツ観念論の発展に寄与した。少年時代から教会の説教を丸暗記するほどの優れた知性をもっていた。『全知識学の基礎』『浄福なる生への指教』を著した。

三　他者によって知られる「自分」

「君の名は希望」

乃木坂46

麻衣 先生、今までの話を整理すると、ですよ?

先生 はい。

麻衣 「自分」を一人で考えようとすると、「考えている自分」と「考えられている自分」に分裂してしまって、しかも「考えている自分」はいつまでも前提にされ続けるから、結局「自分」をありのままの姿で捉えることはできない。でも、「自分」が「自分ではないもの」とは異なるということは、「自分」という概念の前提だから、それだけは確固とした手がかりと見なすことができる、っていうことですよね。

先生 その通りです。もし「自分」が「自分ではないもの」と区別されなかったら、「自分」という概念そのものが崩壊しています。

麻衣 だけど、だからといって、「自分らしさ」が分かるわけではない、と。

先生 そういえるでしょう。ただ、目の前にあるものが「自分ではない」と知ることで、「自分」を輪郭づけることはできます。そうした仕方で「自分」を知ることはできるでしょう。

麻衣 でも、そこから導かれるのは、「自分」と他者がお互いに違う存在なんだ、っていう孤独な人間関係なわけですよね。

先生 はい、そういえるでしょう。

麻衣　う――――ん。

先生　どうしたんですか。道に迷ったプレーリードッグみたいな顔をして。

麻衣　どんな顔ですか。いやね、なんかちょっと納得できなくて。

先生　ほう。どういうことでしょう？

麻衣　人間関係のなかで「自分」を知ることってよくあると思うんです。でも、それって必ずしも孤独な関係には限らないと思ってて……。うまく言えないんですけど。例えば恋をしているときとか、そうじゃないかなって思うわけです。

先生　恋ですか。

麻衣　恋をしているときって、自分がコントロールできなくなるじゃないですか。そういうときに、あ、私ってこんな人間なんだな、って思うことって、誰にでもあると思うんです。これって、哲学的に考えられないですかね？

先生　なるほど。大変興味深い指摘です。麻衣さんの考えを次のテーマにさせてもらいましょう。取り上げるのは乃木坂46の「君の名は希望」です。

麻衣　おお！　言ってみるものですね！

君の名は希望

―乃木坂46

作詞　秋元康

僕が君を初めて意識したのは
去年の6月　夏の服に着替えた頃
転がって来たボールを無視してたら
僕が拾うまで
こっちを見て待っていた

透明人間　そう呼ばれてた
僕の存在　気づいてくれたんだ
厚い雲の隙間に光が射して
グラウンドの上
僕にちゃんと影ができた

いつの日からか孤独に慣れていたけど
僕が拒否してた
この世界は美しい
こんなに誰かを恋しくなる
自分がいたなんて
想像もできなかったこと
未来はいつだって
新たなときめきと出会いの場
君の名前は〝希望〟と今　知った
わざと遠い場所から君を眺めた

だけど時々　その姿を見失った
24時間　心が空っぽで
僕は一人では
生きられなくなったんだ

〔……中略……〕

もし君が振り向かなくても
その微笑みを僕は忘れない
どんな時も君がいることを
信じて　まっすぐ歩いて行こう

何にもわかっていないんだ
自分のことなんて

真実の叫びを聞こう
さあ
こんなに誰かを恋しくなる
自分がいたなんて
想像もできなかったこと
未来はいつだって
新たなときめきと出会いの場
君の名前は〝希望〟と今　知った

希望とは
明日《あす》の空
WOW WOW WOW

先生　「君の名は希望」は二〇一三年に発表された乃木坂46の通算五枚目のシングル曲です。同グループの代表曲に挙げられることも多いですね。

麻衣　青春。乃木坂らしい清楚な曲ですよね。高校の教室を思い出します。

先生　麻衣さんにもこんな経験ありました？

麻衣　いやー、そりゃあまぁ色々ありましたよね。高校の頃の恋愛って、告白に到達するまでの物語じゃないですか。告白しちゃうともうつまらなくなるけど。

先生　そうですね。特に若い人にとって、愛の告白は存在を懸けた冒険のようなものなのかも知れません。失敗すれば自分が傷ついてしまう。だけど、一度好きになってしまったら、今まで通りの関わり方を続けることも難しくなってくる。「君の名は希望」は、そうした心の揺らぎを繊細に描き出していますね。

麻衣　存在を懸けた冒険！　もう一回言ってください。

先生　お断りします。

麻衣　ケチ。

先生　この曲で特徴的なのは、「僕」が結局「君」に告白しないということです。どちらかというと、「君」を好きになることで「僕」のなかに起こった心境の変化に焦点が当てられています。

麻衣　「僕」は「君」と知り合うまではどこか自分に自信がなくて一人ぼっちだった

のだけど、「君」と出会うことで自分自身の気持ちの変化に気づいて、未来への希望をもつ、っていうストーリーですよね。

先生　その通りです。「君」との出会いが「僕」にもたらすその衝撃は次のように描かれています。

こんなに誰かを恋しくなる
自分がいたなんて
想像もできなかったこと
未来はいつだって
新たなときめきと出会いの場
君の名前は〝希望〟と今　知った

先生　ここでは、「こんなに誰かを恋しくなる」自分に気づき、それが「想像もできなかったこと」であると語られます。「僕」にとって「君」との出会いは、まったく新しい「自分」を発見する機会になったようです。重要なのはここです。この曲で描かれているのは、他者を通じて「自分」を知る可能性に他なりません。そのことをもう少し詳しく考えてみましょう。

他者からの承認

先生　少し確認しておきましょう。「自分」という概念の前提には、それが「自分ではないもの」から区別される、という条件があります。そうだとすれば、他者は誰であっても「自分ではないもの」であって、「自分」と他者の間には隔りが生じるはずです。

麻衣　「私以外私じゃないの」ではそういう人間関係が描かれてましたね。

先生　しかし、恋のような特殊な人間関係においては、必ずしも相互に孤立するのではない関係によって「自分」を実感することがあります。問題なのは、この特殊な人間関係がどうやって成り立つのかということです。これを考える上で鍵になるのは、詞のなかで「僕」が「君」に恋をするきっかけとして描かれている次の場面です。

僕が君を初めて意識したのは
去年の6月　夏の服に着替えた頃
転がって来たボールを無視してたら

僕が拾うまで
こっちを見て待っていた

透明人間　そう呼ばれてた
僕の存在　気づいてくれたんだ

厚い雲の隙間に光が射して
グラウンドの上　僕にちゃんと影ができた
いつの日からか孤独に慣れていたけど
僕が拒否してた
この世界は美しい

麻衣　ドラマチックな場面ですよね。グラウンドで、ボールを挟んで「僕」と「君」が向かい合って、見つめ合っているうちに、雲の間から光が射してくる。素敵だー。

先生　さて、麻衣さんに質問です。ここでいう「透明人間」とは具体的には何を意味しているのでしょうか？　解釈してください。

麻衣　えーと、「透明」っていうことは、色がないっていうことですよね。つまり、自分が透けてしまって、周りの色に埋没している、っていうことだと思います。この「僕」はあまり自己主張が強くなくて、周りの空気を読んで大人しくしているタイプなんじゃないですかね。いつも他の人の意見に合わせていて、そこに「自分」がない、というか。

先生　結構だと思います。つまり、「僕」は「君」と出会う前にははっきりとした「自分」をもっていなかったということですね。そのあたりは、「名もなき詩」や「私以外私じゃないの」と変わりません。しかし、この状況を変えてしまうのが、「君」です。

麻衣　「君」が「僕の存在　気づいてくれたんだ」っていう部分ですよね。これ、「僕」にとっては相当衝撃的な体験だったみたいですね。

先生　その通りです。このとき、「僕」が体験するのは、「自分」の存在を他者が認めてくれたということ、言い換えるなら、承認してくれた、ということです。そして、承認されることによって、「僕」は自分の存在に陽があたり、「グラウンドの上　僕にちゃんと影ができた」と感じます。それはつまり、この世界に「自分」が実体として存在することを確信できた、ということに近いでしょう。
　しかし重要なのはここから先です。「君」に存在を承認された「僕」は

「君」のことで胸がいっぱいになっていきます。たとえば次の詞です。

わざと遠い場所から君を眺めた
だけど時々　その姿を見失った
24時間　心が空っぽで
僕は一人では
生きられなくなったんだ

先生　この表現は次のように解釈できるでしょう。「僕」は「君」に承認されることで、「透明人間」であることから脱し、自分の存在に確信をもつことができるようになりました。しかし、それは言い換えるなら、「君」に認められなければ、自分を確信できないということであり、つまり、自分の存在が「君」からの承認によって成り立っている、ということです。

麻衣　なんか、「僕」って重そうですね……。

先生　まぁ、ある意味ではそうかも知れません。しかし、ここで注目して欲しいのは、「僕」と「君」の関係が相互的なものになっているということです。

麻衣　相互的なもの？　どういうことですか？

先生　はじめは、「君」が「僕」の存在に気づく、という一方的な関係でした。しかし、ここでは今度は「僕」が「君」を眺めています。つまり、「僕」が「君」を重要な意味をもつ他者として承認しているわけです。ここで関係のあり方が相互的なものに移り変わっているのです。この移行は「自分」と他者の関係を考える上で見逃すことのできない重要な出来事です。

麻衣　だって恋しているんだから！　当たり前じゃないですか！

先生　もちろん当たり前です。しかしもう少し踏み込んで、この相互的な関係が「自分」という概念をどのように変容させていくのか、哲学的に考えてみましょう。

相互承認

先生　ちょっと復習しましょう。「自分」は「自分ではないもの」とは異なります。しかし、「自分」と名乗ることができる存在は、この「私」だけではありません。つまり、この世界には「私」以外の人間、他者が存在します。もし、「自分」と「自分ではないもの」が決して交じりえないのだとすれば、「私」と他者は相互に孤立していて、決して一つにはなりません。

しかし、「君の名は希望」で描かれているのは、そうした排他的な人間関係を克服するような他者との関わり方です。詞のなかで、「僕」は「君」に存在を承認され、同時に、そういう風に「僕」を認めてくれる「君」の存在を「僕」の方からも承認しています。つまり、相手を特別な意味をもつものとして認めているということです。ここには、「君」から「僕」へ向かうベクトルと、「僕」から「君」へ向かうベクトルがあり、「僕」はこの連関のなかに巻き込まれることで、「こんなに誰かを恋しくなる　自分がいたなんて　想像もできなかったこと」と語られるのです。

麻衣　あー、なるほど。お互いに背を向ける関係ではなくて、お互いを認め合うような関係なんですね。

先生　その通りです。近代ドイツの哲学者ヘーゲル*はこうしたお互いを認め合う関係を重視しました。ヘーゲルに拠《よ》れば、「自分」を確信するということは、「自分」を承認してくれる他者との相互関係なしには成り立ちません。「私」は、他者に認められると、同時に、そのように「私を認めてくれる他者」を「私」が認めるという相互関係のなかで、「自分」の存在を確かなものとして感じることができます。ヘーゲルはその関係を「相互承認」と呼びました。

ただし、そうした純粋な「相互承認」は現実の世界では滅多に起こりません。多くの場合、人は相手を支配したり、あるいは相手に支配されたりして、健全な距離感が失われてしまうのです。そうなれば、「自分」を確信することはかえってできなくなってしまいます。

麻衣　うーん、確かに……。こういう相互承認って、相互依存と紙一重な感じがします。

先生　そうかも知れませんね。それに対して、「君の名は希望」で描かれている相互承認には一定の距離感が守られている様子が示されています。たとえば次の詞です。

もし君が振り向かなくても
その微笑みを僕は忘れない
どんな時も君がいることを
信じて　まっすぐ歩いて行こう

先生　ここで「僕」は「君」を支配しようとはしていないし、「自分」に依存させてしまおうとも思っていません。ただし、そのことが「僕」にとっての「君」の重要性を減らすことにもなりません。むしろ、「自分」を「透明人間」の状態から救いだしてくれた「君」との出会いと、そして「君」へ恋心を傾ける新しい「自分」の発見とが、「僕」にとってこれからも変わることのない心の拠り所になる、そうした心情が描かれているのではないでしょうか。

麻衣　先生、よく真顔でそんなこと言えますよね。尊敬します。

他者への問いへ

先生　さて、この章では「自分」をテーマに考えてきました。

麻衣　うーん。「自分」を考えることって、結局他者を考えることに繋がっていくんですね。何だか不思議だな。

先生　確かに、ここには哲学的に何かを考えることに特有の性格が示されています。

麻衣　ほほう。それって、どんな性格なんですか？

先生　説明しよう。それは、じっくりと考察していくうちに概念が展開していき、新しい内容を獲得していく、ということである。

麻衣　なんですかその特撮ヒーローのナレーション的な話し方は。

先生　思い出してみてください。この章の主題であった「自分」という概念は、最初の段階では他者の存在を含意していませんでした。しかし、色々と考えていくうちに、「自分」が他者との関係から考えられるべきものであることが明らかになりましたね。哲学の営みとは、まさにこうした概念の運動と展開に他ならないのです。

麻衣　んーと、つまり、それまで当たり前に使っていた言葉が、哲学的な考察をしていくと、予想もしなかった新しい意味をもっていくようになる、っていうことですかね?

先生　その通りです。そして、そうした概念の展開は、物事の理解をより深めるだけでなく、新たな問いの扉を開くものでもあります。麻衣さん、私たちは次に、「自分」の問題から一歩進んで、「他者」について考えることにしましょう。

麻衣　それが次の章ですね。了解です!

***ゲオルク・ヴィルヘルム・フリードリヒ・ヘーゲル**（**Georg Wilhelm Friedrich Hegel**）一七七〇—一八三一。ドイツの哲学者。カント、フィヒテの影響を受けながら、独自の体系的な哲学を展開し、その思想は後の様々な哲学者に継承された。主著『精神現象学』は「三大難解哲学書」の一冊として挙げられる。ちなみにベートーベンと同い年。

第二章
恋愛

先生　私たちは第一章で「自分」をテーマに考えました。

麻衣　自分を考えるには、他者との関係を考えないといけない、っていう結論に至りましたね。

先生　その通りです。続くこの章では、他者とは何か、「私」と他者との関係はどのように考えられるのか、ということをより詳しく考えていこうと思います。哲学の用語では他者論と呼ばれる領域です。

ただし、ただ漠然と他者について考えるのでは、かえって「私」と他者の関係を曖昧なものにしてしまいます。他者論について考えるためには、どんな他者をどんな状況で考えるかが大きなポイントになってきます。

そもそも他者とは何でしょうか？　たとえば、ふと訪れたカフェの店員だって他者だし、地球の裏側でコーヒー豆を担《かつ》いでいる人だって他者です。ですが、そうした人々が「私」自身にとって重大な意味をもつことは多くありません。限られた紙幅のなかで、より深く鋭く他者の問題に切り込んでいくためには、「私」にとって重大な意味をもつ他者を取り上げなくてはなりません。

そうした意図から、この章では「恋愛」をテーマにしていきたいと思います。

麻衣　おおぉ……大胆なテーマ設定ですね。

先生　確かにそう思われるかも知れません。ですが、恋愛は他者論を考える上ではある種の拡大鏡として機能します。つまり、本質をクローズアップさせてくれるということです。恋愛には他者論の核心が凝縮されています。ですから、恋愛とは何かを考えることは他者論を考えるための非常に有効なアプローチなのです。

麻衣　恋愛を通じて他者とは何かを考える、ということですか。

先生　その通りです。そしてこのアプローチにはJポップを題材とすることが有効です。いうまでもなく、Jポップには優れた恋愛ソングが揃っていますから。

　この章では、恋愛において「私」が関わることになる他者を「恋人」と呼ぶことにします。恋人が「私」にとってどのように存在するのか、「私」と恋人との関わり方はどのような性格をもつのかを検討することで、「私」と他者の関係を詳細に考えていくことが、この章の目的です。

一　私と他者の共同性

「Story」

AI

先生　最初に、そもそも「私」にとって恋人とは何かを考えていきましょう。

麻衣　「私」と恋愛関係にある他者、ではいけないんですか？

先生　確かに先ほどそのように恋人を定義しました。ですが、それではあまりにも抽象的すぎるので、さらに踏み込んでより具体的に考えていく必要があります。
　こんな風に問いを立ててみましょう。私たちはこの世界に生きています。そしてこの世界には実に様々なものが存在します。そのなかには私や麻衣さんもいますし、冷蔵庫やリンゴもあります。もちろん、恋人もまた「私」と同じ世界に属しています。では、この世界に属しているそうした様々な事物のなかで、恋人だけがもつ独特な性格とは一体何でしょうか？　これを最初の課題として据えたいと思います。

麻衣　あのー、先生。議論に入る前にちょっと関係ない質問してもいいですか？　なんでしょう。

先生　なんでしょう。

麻衣　先生も恋愛とかするんですか？

先生　ほほう。気になりますか？

麻衣　まぁ、ある種の生態学的な関心から。

先生　そんなに気になって仕方ないならお答えせざるをえませんね。もちろんありますよ。ちょうど先日も素晴らしい恋に落ちたところです。

麻衣　へー。聞きたいですぅー。

先生　ついこの前、フランスのリヨンにちょっとワインを買いに行ったんですよ。

麻衣　は、はい。

先生　悪くない赤が見つかったので、駅のカフェーで安堵しながらコーヒーを飲んでいたんです。そしたら、急に私の向いの席に息を切らしたブロンドの少女が突然腰を下ろしたんです。

麻衣　……とりあえず最後まで聞きます。

先生　でね、彼女が言うんです。「ねぇ、あなた、今から一時間だけ私の恋人になってくれない？　パパから逃げているの。お願いやで」って。

麻衣　フランスなのに関西弁なんですね。

先生　もちろん私はオーケーしました。彼女にコーヒーをおごって、害のない話をして時間を過ごしたんですよ。彼女はとても美しかった。髪はすらっと伸びて、頬には少しだけそばかすがあって、そして孤独な眼をしていて……。

麻衣　最後まで聞きますよ、先生。

先生　そういう夢を見たんです。

麻衣　夢かい！

先生　では議論に入りましょう。最初に取り上げるのはＡＩの「Ｓｔｏｒｙ」です。

Story ——AI

作詞　AI

限られた時の中で
どれだけのコトが出来るのだろう…
言葉にならないほどの想いを
どれだけアナタに伝えられるだろう…

ずっと閉じ込めてた
胸の痛みを消してくれた

今　私が笑えるのは
一緒に泣いてくれたキミがいたから

一人じゃないから
キミが私を守るから

強くなれる　もう何も恐くないヨ…
時がなだめてく
痛みと共に流れてく
日の光がやさしく照らしてくれる

説明する言葉も
ムリして笑うコトもしなくていいから
何かあるなら　いつでも頼ってほしい
疲れた時は　肩をかすから

どんなに強がっても
ため息くらいする時もある

孤独じゃ重い扉も
共に立ち上がればまた動き始める

一人じゃないから
私がキミを守るから
あなたの笑う顔が見たいと思うから
時がなだめてく
痛みと共に流れてく
日の光がやさしく照らしてくれる

〔……中略……〕

一人じゃないから
私がキミを守るから

あなたの笑う顔が見たいと思うから
時がなだめてく
痛みと共に流れてく
日の光がやさしく照らしてくれる

先生　「Ｓｔｏｒｙ」はＡＩの十二枚目のシングル曲です。瑞々《みずみず》しい愛のメッセージが力強く歌われています。様々なアーティストにカヴァーされており、Ｊポップにおけるラブソングの定番です。

麻衣　結婚式でもよく歌われる曲ですよね。

先生　その通りです。ところで、これはＪポップ一般に当てはまる特徴なのですが、この曲がいわゆる恋愛を描いた歌なのか、それとも友情や家族愛を描いた歌なのかは、実はかなり曖昧です。

麻衣　本当だ。読み方によっては友達に向けて歌っているようにも見えますね。

先生　はい。ここではあくまでも恋愛を描いた曲として紹介していきたいと思います。もちろんそれは、それ以外の解釈はありえない、ということを意図しているのではありません。ただこの曲が恋愛を考察する上で非常に有用な手がかりになることは間違いありません。

この曲で特に印象的なのは次のフレーズですね。

一人じゃないから
キミが私を守るから
強くなれる　もう何も恐くないヨ…．

時がなだめてく
痛みと共に流れてく
日の光がやさしく照らしてくれる

一人じゃないから
私がキミを守るから
あなたの笑う顔が見たいと思うから
時がなだめてく
痛みと共に流れてく
日の光がやさしく照らしてくれる

先生　余計なものがそぎ落とされ、シンプルなメッセージと抽象的な描写が美しく響き合っています。さて麻衣さん、この詞を読んで何か気づいたことはありますか？

麻衣　ええと、「一人じゃないから」のあとは、「キミが私を守るから」と「私がキミを守るから」の両方があって、つまり互いが互いのことを守っている、っていうことですかね。

先生 流石《さすが》です。ここでは「私」と「キミ」が互いを守り合っている様子が描かれています。ぼんやりと予告しておくと、この相互性をどのように捉えるかが、恋人という存在を考究するための鍵になっていきます。

言葉にならない想い

先生 もう少し哲学的な次元で恋人という存在の性格を考えていきましょう。麻衣さん、準備はいいですか？

麻衣 ばっちりです！

先生 まず確認しておきたいのは、恋人とは一人の人間である、ということです。先ほど指摘したように、人間はこの世界に存在する様々な事物の一つです。ところが、こうした事物のなかで恋人だけがもつ特性があります。それがはっきりと示されているのが、冒頭の次の詞です。

限られた時の中で
どれだけのコトが出来るのだろう…
言葉にならないほどの想いを

どれだけアナタに伝えられるだろう……

先生　ここでは、「私」が「アナタ」に対して「言葉にならないほどの想い」を抱いていることが示されています。問題なのは、この「言葉にならない」ということです。

麻衣　それってそんなに不思議ですか？

先生　不思議です。先ほど指摘した通り、恋人は世界に存在する事物の一つです。その限りでいえば、恋人は冷蔵庫やリンゴや猫と変わりません。しかし、冷蔵庫やリンゴや猫は、常に言葉で説明することができます。

たとえば「リンゴとは何か？」と問われれば、私たちは「バラ科リンゴ属の落葉高木、およびその果実」と答えることができます。しかし、「私」は「アナタ」に対しては気持ちを言葉にすることができないのです。

麻衣　まぁ、それはリンゴと恋人とでは全然違いますからね。

先生　まさにその違いを明らかにしたいわけです。麻衣さん、一体なぜ「私」は「アナタ」に自分の気持ちを言葉で伝えられないのでしょう？

麻衣　私の感覚では、ということでもいいですか？

先生　もちろんです。

麻衣 多分、伝えられないというよりは、簡単に言葉にしたくない、っていう気持ちだと思うんですよね。きっとやろうと思えばできるんですよ。「アナタのことが好きだよ」とか「愛してるよ」とか。でも、そういうのを簡単に言葉にしてしまうと、何だか大切なニュアンスがなくなってしまう感じがします。

先生 大切なニュアンスとは何でしょう?

麻衣 うーん。それこそ言葉にならないものですよ。その人との思い出とか、その人だけに寄せている気持ちとか……。要するに、そういうのって特別なものだと思うんです。

先生 特別なもの、というと?

麻衣 つまり、「好きだ」とか「愛している」とかって、誰に対しても言えてしまうじゃないですか。私や恋人以外の誰かに対しても。だから、その恋人だけに使える言葉じゃないわけですよ。でも、「私」にとって恋人っていうのは特別な存在だから、誰にでも使える言葉では表現したくない……っていう風に私は思いますね。

先生 なるほど、言いたいことはよく分かります。「好きだ」とか「愛している」とかいう言葉自体は、特定の誰かに対してだけ使えるものではなく、あらゆる物事に対して使用できるものです。そうである以上、ある特定の恋人だけに向けられた気持ち、言い換えるなら、その恋人以外には決して抱かないような気持ちを表現するには不十分である、と考えることができる。そういうことでいいですか？

麻衣　はい、私はそんな感じです。

恋人の唯一性

先生　恋人への想いは言葉にすることができない。これは、「私」にとって恋人が何であるかを考える上で非常に重要な手がかりになります。

先ほど麻衣さんが指摘してくれた通り、言葉は様々なものに使用することができます。たとえば、リンゴが「バラ科リンゴ属の落葉高木、およびその果実」であるという説明は、あらゆるリンゴに対して適用することができます。私と麻衣さんがそれぞれ別のリンゴを持っているとしても、両方にまったく同じ説明を当てはめることができるはずです。しかし、同じ説明を当てはめることができるということは、それぞれの個別の違いが失われるということでもあります。「リンゴとは○○である」と言葉で説明した途端に、私のリンゴと麻衣さんのリンゴの違いは失われます。つまり、言葉による説明は物事を一般化するのです。しかし、私たちには恋人に対する気持ちを一般化することはできません。例えば私が過去に十人の恋人と交際した経験があるとしましょう。

麻衣 絶対嘘でしょ。

先生 例えば、の話です。しかし、その十人が同じ「恋人」であったとしても、その一人一人に対して抱く気持ちはまったく別であるはずです。そこにはまったく違った思い出があり、まったく違った感情があるはずです。それらは決して一般化することのできないものです。

麻衣 もしかして、一般化できないから言葉にできない、っていうことですか？

先生 その通りです。「私」が恋人に対して「言葉にならないほどの想い」を抱いているのは、まさに恋人が「私」にとって一般化することのできない、その恋人以外では起こりえない気持ちを抱かせる人物であるからに他なりません。恋人とは一般化を拒否する存在であって、他の誰かと交換することのできない唯一の存在なのです。

麻衣 確かにそうですよね。それに、言葉がなくたって分かり合えることもあるし。

先生 それもまた恋人という存在の大きな特徴です。「私」と恋人とが言葉を介さず結ばれている、ということは、説明をする必要がないということをも意味しています。それを示しているのが次の詞です。

説明する言葉も
ムリして笑うコトもしなくていいから
何かあるなら　いつでも頼ってほしい
疲れた時は　肩をかすから

どんなに強がっても
ため息くらいする時もある
孤独じゃ重い扉も
共に立ち上がればまた動き始める

ここでは、言葉を介したやりとりを必要とせずに、「私」と恋人が相互に助け合っていくという姿勢が描かれています。それは「私」と恋人がともに生きている、いわば二人で一つの存在として生きている、というイメージに他なりません。

「もの」と「君」の違い

先生　このように、「私」にとって交換不可能なものとして存在するという他者の性格に注目したのが、オーストリアの哲学者ブーバー*です。

麻衣　強そうですね。なんか火炎放射してきそう。

先生　確かに堂々とした風貌の方なので、是非画像を検索してみてください。それはそうと、ブーバーは「私」と他者との関係を次の二つに区別しました。すなわち、「私－もの」と「私－君」です。

麻衣　あら、あまり哲学の概念っぽくないですね。シンプル。

先生　仰る通り、哲学の用語としてはかなり独特です。ですが、シンプルであるがゆえに本質を端的に示してもいます。

「私－もの」はその名が表す通り「私」と事物の関係です。ここでいう「もの」とは、冷蔵庫やリンゴや猫のようなものです。「私」は「もの」を対象として扱います。「私」は自分とこうした「もの」との関係を言葉で説明することができます。例えば、「あなたはなんでリンゴを持っているのですか？」と問われれば、「私」は「食べるためです」と説明することができます。

これに対して、「私‐君」はこれとまったく異なった関係のあり方を示しています。「私」は「君」との関係を言葉で説明し尽くすことができません。たとえば、「あなたはなんで私が好きなんですか？」と問われれば、これを説明することは容易ではないでしょう。特にそれが恋愛の場面においてなら間違いなく不可能です。「Ｓｔｏｒｙ」において描かれる通り、「私」は「君」に対して「言葉にならないほどの想い」を抱くからです。

麻衣　なぜなら、恋人は「私」にとって交換不可能のもので、唯一のものだから、っていうことですね。

先生　その通りです。「私‐もの」という関係が言葉という間接的なものを必要とするのに対して、「私‐君」は言葉を必要としない直接的な関係です。そして、「私‐もの」においては「私」が「もの」を対象として一方的に扱うのに対し、「私‐君」において「私」と「君」の関係はあくまでも相互的なものです。

直接的であり相互的であるということ、それが「私」にとって「君」という存在のもつ独自性であると、ブーバーは指摘します。そうした関係のあり方を如実に示しているのが、冒頭に引用した詞です。少し短くしてもう一度見てみましょう。

一人じゃないから
キミが私を守るから
強くなれる　もう何も恐くないヨ…
一人じゃないから
私がキミを守るから
あなたの笑う顔が見たいと思うから

先生　ここでは、「一人じゃない」ということが、「キミが私を守る」と、その反対の「私がキミを守る」という二つの観点から描かれています。つまり、「私」と「キミ」は片方が片方を一方的に守る関係ではなく、互いを守り合うようにして寄り添っているということです。同時に、「一人じゃない」のは「私」か「キミ」のどちらか一方だけでなく、二人がともに孤独ではなく、ともに支え合っていることが示されています。

麻衣　なるほど、確かにこの関係は直接的で相互的ですね！

「私」と他者の共同性

先生　さて、以降の議論に役立てるために、一つ用語を導入したいと思います。「私」と恋人とは直接的で相互的な関係に置かれています。この関係において、「私」は恋人とともに生きているという実感を得ており、言葉にならない豊かな気持ちを抱くことになります。この状態を、「私」と他者の共同性と名付けることにしましょう。

麻衣　「私」と他者の共同性……メモメモ。

先生　もちろん、共同性を実感できるのは恋人だけではないでしょう。家族や親友にも共同性が見出されることもあると思います。しかし、恋愛においてそれがもっとも分かりやすく発露することは間違いありません。

　ともかく、ここで押さえておきたいことは、「私」にとって重大な意味をもつ他者が「私」との共同性をもちうる、ということです。その意味においてその他者は世界に存在する様々な事物から明確に区別されるのです。

＊マルティン・ブーバー（Martin Buber）　一八七八―一九六五。オーストリアの哲学者。神秘主義的な

思想を背景に「対話」の哲学を展開した。その顎鬚《あごひげ》のインパクトは半端《はんぱ》ではなく、多くの人々から聖書の預言者と呼ばれていたらしい。写真を撮られるのも得意だった。主著に『我と汝』がある。

二　失われた共同性

「会いたくて会いたくて」

西野カナ

先生 さて、先ほど私たちは恋愛における他者との関係として、恋人との共同性を指摘しました。

麻衣 恋人は直接的で相互的な存在で、その意味で他の存在から区別される、っていうことですよね。

先生 その通りです。今度は、他者との共同性が「私」自身にどのような影響を与えるかを考えていきたいと思います。

しかしです、麻衣さん。私たちは次のような悲しい現実を認めなければなりません。それは、私たちは往々にして恋愛をしている最中には恋人の重要性に気づけない、ということです。

麻衣 え、そうですか？　でも付き合っているときは恋人のことで頭がいっぱいになるものではないですか？

先生 もちろんそうです。むしろ、頭がいっぱいになるからこそ問題なのです。恋愛がうまくいっているとき、恋人の存在は私たちにとって当たり前のものになります。しかし、いいですか麻衣さん、当たり前のことほどもっとも気づきにくいのです。

麻衣 あ、なんか哲学者っぽいこと言い出した。

先生 それは恋愛にしたって同じです。あえて最近の流行語で表現しましょう。恋は

麻衣　盲目である、と。

先生　いつの時代の流行語ですか。

麻衣　むしろ我々はこう考えるべきなのではないでしょうか。恋人の大切さは失って、い、か、い、い、から初めて気づくものである！

先生　先生、いつになくキリッとしてますね。

麻衣　そうした考えからここでは失恋をテーマに取り上げます。

先生　恋愛について考えるのに、失恋を取り上げるのってなんだか皮肉ですね。

麻衣　ある意味ではそうかも知れません。しかし、失恋が恋愛の本質を明らかにするということは広く知られています。たとえば百人一首にも優れた失恋の歌が収められていますし、Ｊポップにも失恋をテーマにした曲は無数にあります。そこで、ここでは西野カナの「会いたくて会いたくて」を手がかりにしていきたいと思います。

先生　おお！　とうとうカナやん登場ですね！

会いたくて会いたくて

――西野カナ

作詞 Kana Nishino GIORGIO 13

会いたくて 会いたくて 震える
君想うほど遠く感じて
もう一度聞かせて嘘でも
あの日のように〝好きだよ〟って…
今日は記念日 本当だったら
二人過ごしていたかな
きっと君は全部忘れて
あの子と笑いあってるの？
ずっと私だけにくれてた言葉も優しさも

大好きだった笑顔も全部
あの子にも見せてるの？
Baby I know
君はもう私のものじゃないことくらい
でもどうしても
君じゃなきゃダメだから
You are the one
会いたくて 会いたくて 震える
君想うほど遠く感じて

もう一度二人戻れたら…
届かない想い
my heart and feelings
会いたいって願っても会えない
強く想うほど辛くなって
もう一度聞かせて嘘でも
あの日のように〝好きだよ〟って…

〔……中略……〕

何度も愛してると
言ってたのにどうして
抱きしめてやさしい声で
名前を呼んで　もう一度

会いたくて　会いたくて　震える
君想うほど遠く感じて
もう一度二人戻れたら…
届かない想い
my heart and feelings
会いたいって願っても会えない
強く想うほど辛くなって
もう一度聞かせて嘘でも
あの日のように〝好きだよ〟って…

先生　「会いたくて会いたくて」は、二〇一〇年に発表された西野カナの十枚目のシングル曲です。着うたフル等で驚異的なダウンロード数を記録したことでも知られています。なんといっても、サビにあたる「会いたくて　会いたくて　震える」というフレーズはその分かりやすさから広く親しまれていますね。

麻衣　私、この曲よく聴きますよ。ミュージックビデオも可愛いんですよね。カナやんの持ち味って、女の子の本音をありのままに表現してくれるところだと思うんですけど、この曲はまさにその代表格ですよね。

先生　麻衣さんとしてはこの歌詞には共感できるんですか？

麻衣　はい。「会いたくて震える」っていう感じ、よく分かりますよ。

先生　実はまさにこの部分を問題にしたいと考えています。改めて抜粋してみましょう。

会いたくて　会いたくて　震える
君想うほど遠く感じて
もう一度二人戻れたら…
届かない想い　my heart and feelings
会いたいって願っても会えない

強く想うほど辛くなって
もう一度聞かせて嘘でも
あの日のように〝好きだよ〟って…

先生　実に壮絶な詞です。詞の中の「私」は「君」を「あの子」に奪われることで失恋してしまいます。その苦しみが切々と訴えられています。

麻衣　でも、これくらい執拗《しつよう》に歌ってくれるから共感できるんですよねー。

先生　この詞に独自の強さを与えているのは、「震える」というこの言葉に他なりません。

麻衣　確かに、「会いたくて震える」ってパワーが半端じゃないですよね。

先生　普通なら「寂しい」とか「切ない」とか、そういった抒情的な言葉が用いられそうなところです。しかし、この詞では「震える」という肉体的な言葉が使われています。イメージとしては、寒さに震えるようにしてガタガタと身を震わせているような状態です。しかし、現実の世界で実際にそんな風に震える人はあまり多くないでしょう。

麻衣　まぁでも、「震える」っていうのはあくまでも比喩なんじゃないですか？

先生　私もそう思います。つまり、私たちがここで考えていきたいのは次のようなことです。「会いたくて会いたくて」では、失恋の心情を「震える」という肉体的な言葉で表現しています。それは麻衣さんの言う通り比喩として解釈されるべきものです。しかしその比喩は私たちに強い共感を喚起させます。このことが意味しているのは、私たちが失恋を経験するとき、本当はそんなことがないのにも拘わらず、まるで肉体が震えるかのような気分を味わうということです。

麻衣 それがなぜなのかを考える、っていうことですか？

先生 その通りです。

なぜ、会いたくて震えるのか

先生 麻衣さん、そもそも肉体が震えるということは何を意味しているのでしょう？

麻衣 えーと……。体の震えっていう意味で一番分かりやすいのは、寒さに対する震えですかね。で、そのとき震えが意味しているのは、自分の身に危険が迫っているということですよね。ずっと寒いところにいたら死んじゃいますし。

先生 なるほど。他にも震えの例はあるでしょうか？

麻衣 恐怖のあまり震えることもありますよね。例えばホラー映画を観てるとき。そ

先生　れも身の危険に対する反応だと思います。そうだとすると両者に共通するのは、震えは自分の生命が脅かされているということへの反応である、ということなんでしょうか？

麻衣　うんうん。そうだと思いますね。

先生　極めて明快な考え方です。では、この考え方を使って「会いたくて震える」を説明するとどうなるでしょうか？

麻衣　つまりその場合には失恋が「私」の生命を脅かしている、ということになりますね。

先生　しかし、不思議ではありませんか？

麻衣　えっと……何が不思議なんでしょう？

先生　だって、たとえ失恋したとしても、それが「私」の生命を脅かすことにはなりません。例えば、「私」は「君」を失ってしまっても、きちんと食事をとって睡眠をとって、暖かい部屋で暮らしていれば健康に生きていられるでしょう。

麻衣　いや、まぁ、それはそうですけど……。

先生　例えばここに強力な懐疑家がいると想定しましょう。アンチ麻衣的な懐疑家です。

麻衣　なんかその人すごく嫌なんですけど。

先生 その懐疑家は次のように言うかも知れません。確かに、失恋をすることで恋人同士は引き裂かれて別々の人生を歩むことになる。けれども、人間はそもそも一人で生きているのだから、失恋はむしろ人間を本来の自然の状態にするものだ。そうである以上、失恋によって自分の生命が脅かされることなんてありえない。だから「会いたくて震える」という言葉はまったく不合理である。どうでしょうか？

麻衣 そんなこと言う人と話したくないです。

先生 まぁそう言わずに応答してみてください。哲学的に思考するには、ときにはこういう強固な反対意見を想定することも必要ですよ。

麻衣 うーん、確かに生命は脅かしていないかも知れないですけど、違う形で「私」を脅かしているんだと思いますけどね。

先生 違う形、というのは？

麻衣 すごくぼやんとした言い方をすると、「私」の存在……みたいなものですかね。今まではその恋人とずっと一緒にいたわけですよ。なんていうか、そういう一緒にいたっていうことが今の「私」を作っていて、その「私」が脅かされる感じがします。

先生 しかし、人間はそもそも一人なんだから、どれだけ一緒にいたとしても失恋が

麻衣　「私」を脅かすことなんてない、とアンチ麻衣的な懐疑家は言うかも知れません。

先生　うーん……。そんなこと言われても……。

問題を整理しましょう。麻衣さんは、失恋によって存在を脅かされることはありえると考えています。そこでいう「存在」とは、単に生命の維持を意味するのではなく、「恋人とずっと一緒にいる私」のようなものですね。それは生命の維持とは異なる次元にある「私」であって、麻衣さんにはそういう直観のようなものがある。

麻衣　はい。でも人間は本来は一人だって懐疑家の人は言うわけですよね。

先生　そこをもう少し理論的に考えていきましょう。

「私」と他者の癒合性

先生　いうまでもなく、私たちは一人一人別々の個体として生まれてきます。そうした意味では、人間はもともと一人です。

麻衣　まぁ、そこは反論できないですよね……。

先生　しかし、先ほど麻衣さんが述べてくれた直観に拠れば、「私」は恋愛をしてい

麻衣　るときに、恋人とずっと一緒にいるものとして自分を意識します。あるいはこう言い換えることもできるでしょう。恋愛をしているとき、「私」は自分を一人の単独の存在としてではなく、恋人とともに生きるものとして感じる。

先生　あら、ロマンチック……。でも、自分で言っておいてなんですけど、そんなこと実際にあるんでしょうか？　だって、肉体は別々なわけですよね。

麻衣　もちろん肉体は別々です。しかし、たとえばこんな状況を想像してみてはどうでしょう。麻衣さんが大学四年生になって就職活動に奔走しているとします。

先生　あまり想像したくない未来ですね……。

麻衣　麻衣さんは一人でエントリーシートを書かなければなりませんし、一人で面接会場に向かわなければなりません。一人ぼっちの戦いです。周りに知っている人は誰もいません。きっと麻衣さんは孤独感や寂寥感を抱くでしょうし、それは大きなストレスとなってのしかかるでしょう。

先生　その予言めいた言い方やめてくれませんか。

麻衣　しかし、もしそのとき麻衣さんに恋人がいれば、少し意識が変わってくるはずです。麻衣さんはきっと、たとえ実際には一人であっても、まるで恋人とともに戦いに挑んでいるような気持ちを抱くのではないでしょうか。常に自分の隣には恋人がいて、「私」の存在を励ましてくれているように感じるのではない

麻衣　でしょうか。

先生　うんうん。確かにそうかも知れないです。私たちは恋愛に熱中しているとき、たとえ現実にそこに恋人がいなくても、まるで自分が恋人とともにいるような気持ちを抱くことがあります。これは決して見逃すことのできない感覚です。そのとき「私」は恋人と繫がっているものとして自分を発見することになります。

ですから、私たちは先ほど言及したアンチ麻衣的な懐疑家に対して次のように反論できるはずです。すなわち、人間は恋愛をすることで、生まれたときの一人ぼっちの状態から、恋人とともに生きる存在へと変容するのである。だからこそ、失恋はそうした「私」の存在を根底から脅かしうる、ということです。ここには恋人との共同性によってもたらされる「私」の劇的な変容が示されています。

麻衣　えっと、直接的で相互的な関係が共同性でしたよね。

先生　その通りです。「私」は他者と共同性をもつことによって、自分を他者とともに生きるものとして捉えなおします。「私」は、恋人から区別される存在ではなく、どこまでも「恋人とともに生きている私」なのです。それは見方を変えれば「私」が恋人の存在を自分のなかに取り込んでしまっている状態です。そのとき「私」の存在と恋人の存在は一つになっています。言い換えるなら、恋人がいなければ「私」も成り立たなくなる、そうした存在のあり方です。

麻衣 なんだかすごく西野カナ的な感じですね。

先生 こうした、自分と他者が一つに混じり合うような関係に注目したのが、フランスの哲学者メルロ＝ポンティ*です。

麻衣 メープルシロップを大量に使ったスイーツみたいなお名前ですね。

先生 とてつもなく偉い哲学者です。メルロ＝ポンティは哲学者でありながらも児童心理学に精通していました。彼に拠れば、ある年齢に達するまでの幼児は、自己と他者とを明確に区別して意識することができません。そうした幼児にとって自分はどこかで他者と繋がったものとして感じられています。つまり、人間の自己意識はその始まりにおいては自他の区別のない状態に置かれているのです。メルロ＝ポンティは、そうした幼児における他者との関係を「癒合性」と呼びました。

麻衣 癒合性……。癒着してくっついている、っていうことですかね？

先生 その通りです。メルロ＝ポンティに拠れば、この癒合性は幼児が成長して大人になると大部分は失われていきますが、人間から完全に消滅することはありません。ですから、恋愛のような特殊な状況において、自分と恋人とが分離不可能であるように感じられても、決して不思議なことではないのです。この癒合性という概念は、人間を他者から切り離された単独の存在として捉える人間観に対して、鋭い反論を突き付けるものです。

欠如態としての共同性

先生　「会いたくて震える」という詞が示しているのは、失恋が「私」の存在を根底から脅かす、という事態です。恋人との離別がそれほどまでに「私」にとって脅威になるのは、「私」が恋人とある意味で癒合しているから、つまり分離不可能の関係を取り結んでいるからです。「私」と恋人が癒合している以上、恋人が失われてしまうことは「私」にとって自分自身の一部が引き裂かれることに等しいのです。そう考えていけば、失恋によって「会いたくて震える」ことになったとしても、なにも不思議なことはないでしょう。

麻衣　カナやん辛そう……。

先生　このように、「会いたくて震える」という詞は、他者との共同性が「私」の側に引き起こす変容を欠如態として示しています。

麻衣　ケツジョタイ……？

先生　なくなってしまった状態として、ということです。冒頭に述べた通り、恋愛に熱中しているときには、こうした共同性はなかなか意識できないものです。そのとき「私」が他者とともに生きているということは当たり前のことになってしまいます。当たり前になってしまうということは、それとして意識する必要がなくなってしまうということです。むしろ、こうした存在のあり方が鋭く意識されるのは、それが当たり前ではなくなってしまったとき、失われてしまったときなのです。

麻衣　なるほど、失くしてから初めて気づく……ということですね。

＊モーリス・メルロ＝ポンティ（**Maurice Merleau-Ponty**）一九〇八―一九六一。フランスの哲学者。児童心理学や身体性に関する知見を重視し、現象学の発展に寄与した。女性をダンスに誘える唯一の哲学者と評されることもある。また、娘と手を繋いで歩いている和やかな写真でも有名。主著に『知覚の現象学』がある。

三　他者の他者性と向き合うこと

「誰かの願いが叶うころ」

宇多田ヒカル

先生　さて麻衣さん、今までの議論をちょっとおさらいしてみませんか？

麻衣　了解です！　えーと、まず最初に恋人は「私」と相互的で直接的な関係にある、という話がされましたよね。その意味で恋人はこの世界の他の事物から区別される。それが共同性という性格です。それから、そういう風に恋人と関わることで、「私」自身にも変化が生じます。「私」は一人ぼっちではなくて、恋人と二人で生きているものとして自分を捉えるようになります。それが前の曲の話でした。

先生　ありがとうございます。うまく要点を整理してくれたと思います。

麻衣　えへへへへ。

先生　麻衣さんが説明してくれた通り、私たちは恋愛における共同性を中心に考察を進めてきました。しかし、私たちには最後に付け加えなければならないことがあります。それは、この共同性という理念には限界があるということ、そしてときに共同性は暴力にもなるということです。

麻衣　共同性が暴力になる？　え、そんなこと起きるんでしょうか？　だって、お互いを助け合うのが共同性なのでしょう？

先生　もちろんそうです。ですが、それは行き過ぎると人を傷つける結果にもなりかねません。

麻衣　うーん。でも助け合うことは無条件にいいことだと思うけどなぁ。

先生　残念ながらそうではない、ということがこの章の結論になるでしょう。最後に議論することを、少し抽象的に予告してみたいと思います。私たちがこれまで考えてきた共同性という理念は、二人の異なった人間を一つに結びつけるような関係のあり方です。しかし、同時に忘れてはならないのは、他者は「私」ではない、という根本的な事実です。これから考えていくのは、「私」と他者との間にあるそうした隔たりについてです。

麻衣　え――――。

先生　麻衣さん、滑稽な顔をしている場合ではありません。

麻衣　誰が滑稽な顔ですか。

先生　ここでは宇多田ヒカルの「誰かの願いが叶うころ」を取り上げます。ここには、他者と関係を結ぶことがいかに「私」に犠牲を強いるかが描かれています。

誰かの願いが叶うころ

——宇多田ヒカル

作詞 Utada Hikaru

小さなことで大事なものを失った
冷たい指輪が私に光ってみせた
「今さえあればいい」と言ったけど
そうじゃなかった
あなたへ続くドアが音も無く消えた

あなたの幸せ願うほど
わがままが増えてくよ
それでもあなたを引き止めたい
いつだってそう
誰かの願いが叶うころ

あの子が泣いてるよ
そのまま扉の音は鳴らない

〔……中略……〕

自分の幸せ願うこと
わがままではないでしょ
それならあなたを抱き寄せたい
できるだけぎゅっと
私の涙が乾くころ
あの子が泣いてるよ

このまま僕らの地面は乾かない

あなたの幸せ願うほど
わがままが増えてくよ
あなたは私を引き止めない
いつだってそう

誰かの願いが叶うころ
あの子が泣いてるよ
みんなの願いは同時には叶わない

小さな地球が回るほど
優しさが身に付くよ
もう一度あなたを抱き締めたい
できるだけそっと

先生　「誰かの願いが叶うころ」は、二〇〇四年に宇多田ヒカルが発表した十三枚目のシングル曲です。宇多田ヒカルは九〇年代後半からゼロ年代前半にかけて続くJポップ全盛期を支えたアーティストとして知られています。抑制の効いたメロディーが全体に落ち着きを与えているしっとりした曲ですね。また、詞のなかにまったく英語が使われていない点で、彼女の楽曲としては少し特殊です。

麻衣　宇多田ヒカルってカラオケで歌おうとするといつも失敗するんですよね。難しい。

先生　そうかも知れませんね。彼女の楽曲は低音と高音の落差が非常に激しく、それが豊かな表現力に結実しています。さて麻衣さん、この曲の詞はどういう心情を描いているでしょう?

麻衣　失恋ソングですよね。「私」のもとから「あなた」がいなくなってしまって、なんていうか、「私」はただただ途方に暮れているみたいです。何もすることができなくて、ただそこにいる、っていう感じですね。

先生　なるほど。基本的にはそうした情景を歌っているようですね。ですが、同じ失恋ソングでも「会いたくて会いたくて」とは随分雰囲気が違います。

麻衣　うーん。「会いたくて会いたくて」では、恋人と一緒にいたいっていう気持ち

先生　がストレートに表れていましたけど、この曲だともうちょっと複雑そう……。共感します。この曲で描かれる「私」の心理は繊細を極めています。次の詞を見てみましょう。

あなたの幸せ願うほど
わがままが増えてくよ
それでもあなたを引き止めたい
いつだってそう

自分の幸せ願うこと
わがままではないでしょ
それならあなたを抱き寄せたい
できるだけぎゅっと

先生　ここでは、「私」が「あなたの幸せ」と「自分の幸せ」の相克に苦しむ姿が描かれています。ここで「あなたの幸せ」と呼ばれているものには「私」が必要とされていないと推測されます。

麻衣　きっと「私」より仕事とかを優先する人なんだろうな。

先生　そうかも知れませんね。それに対して、「自分の幸せ」は「あなた」を抱き寄せるということです。しかし、「自分の幸せ」を叶えてしまえば、「あなた」を引き止めることになり、結果的に「あなたの幸せ」を妨害することになります。

麻衣　でも、「あなたの幸せ」を叶えてしまうと、「私」は「あなた」から捨てられちゃって、結局「あなた」を抱き寄せるっていう「自分の幸せ」が叶わなくなっちゃいます。

先生　その通りです。つまり、それがここに描かれている相克です。

麻衣　なんという辛い話でしょう……。

先生　今までの議論に引きつけて考えてみましょう。私たちはこれまで、他者との関係をあくまでも「私」にとってどう感じられるか、という観点から考えてきました。しかし、この詞では、その「私」との関係が他者にとってどう感じられるのか、という新しい視点が導入されています。

麻衣　先生、素朴な疑問を言ってもいいですか？

先生　どうぞ。

麻衣　私だったら、説得したり色々駆け引きしたりして、「あなた」を引き止めようとすると思います。なんで「私」はそういう努力をしないで簡単に諦めちゃっているんでしょう？

先生　当然の疑問ですね。結論から言えば、「私」は自分には「あなたの幸せ」を変えることはできないと考えているからです。ただし、それは「私」や「あなた」の相性に問題があるからではありません。次の詞を見てください。

誰かの願いが叶うころ
あの子が泣いてるよ
みんなの願いは同時には叶わない

先生　ここで唐突に視点が切り替わっていることに注意してください。「私」や「あなた」についてではなく、「誰か」あるいは「みんな」、つまり全ての人間についての真理のようなものが語られています。ここに描かれているのは、ある人間の願いが叶うと別の人間が傷ついてしまう、だから「みんなの願いは同時には叶わない」という悲観的な人間観です。そうした人間観に従えば、「私」がどんなに頑張ったところで、「自分の幸せ」と「あなたの幸せ」が一致することは決してないのです。

他者の他者性

先生　「みんなの願いは同時には叶わない」という人間観は、私たちがそれぞれ違った「幸せ」をもっていて、しかも他者の「幸せ」を変えることは誰にもできないということに帰結します。

麻衣　それって、今まで議論してきた恋人との共同性が否定されるっていうことですか？

先生　いえ、そういうわけでもありません。「私」にとって恋人が直接的で相互的な存在のように感じられることはありえます。ですが、恋人にとっても同様であるとは限らないということです。もっとも、それはある意味では当然といえば当然のことです。なぜなら、恋人という他者は「私」ではないのであり、「私」が他者になることはできないからです。

麻衣　えーと、つまり、「私」が恋人との関係に共同性を感じるということと、恋人が「私」との関係に共同性を感じるかどうかは、区別しないといけないということですか？

先生　その通りです。そして、恋人が「私」との関係をどう感じるかということは、

「私」には知り尽くすことも決定することもできません。こうした、他者が「私」と異なる存在であり、ある意味で他者が「私」の手の届かない存在であるという性格を、他者の他者性と呼ぶことにしましょう。

この他者性をめぐって鋭い思索を展開したのがフランスの哲学者レヴィナス*です。レヴィナスに拠れば、「私」にとって他者はあくまでも到達不可能なものであり、「私」を超えた存在です。そうした「私」と絶対的に隔たったものとしての他者の性格を、レヴィナスは「顔」という言葉で表現します。

麻衣　は!?　なんですか、「顔」って……。

先生　レヴィナスはそういう象徴的な比喩をよく使う哲学者なんです。こんな風にイメージしてみてください。目の前に他者がいて、顔がぼーっと浮かんでいます。「私」はその他者をなんとか理解しようとするのだけど、その「顔」をずっと見ていると、どんどん自信がなくなってくる。そういうことありませんか?

麻衣　まぁ、確かに相手が無表情だったりすると、相手のことが全然分からなくなることはありますね。

先生　その感覚が「顔」の喚起する他者性です。こうした他者の他者性を前提にすれば、「私」と恋人は異なる存在であって、それぞれの願望が一致することはなく、そして恋人の願望を「私」の都合のいいように変更することはできない、ということになります。これが共同性という理念が抱える限界です。

麻衣　つまり、「私」がどんなに恋人のことを好きでも、恋人にとってはそうでもないかも知れないし、そしてそういう恋人の考えを変えることもできない、っていうことですか。

先生　要するにそういうことです。

麻衣　うーん……。

先生　どうしたんですか。回転寿司で炙《あぶ》りサーモンを注文したのに大学芋が届けられたときのような顔をして。

麻衣　だからどんな顔ですか。いや、やっぱり私だったら、それでも「あなた」を説得して、「自分の幸せ」と「あなたの幸せ」の妥協点を探すなーと思って。

先生　もちろんそういう努力は必要ですし、尊重されるべきだと思います。しかし、あえて意地悪な見方をすれば、それは「あなたの幸せ」を「自分の幸せ」と同化させ、両者の違いを消してしまうことでもあります。そうした説得が行き過ぎてしまえば、場合によっては「あなた」の他者性を否定するような行為にも繋がりかねません。

麻衣　鬼のように意地悪な見方ですね。

先生　レヴィナスは、「私」の目的を叶えるために他者を操作したり教育したりすることを、他者の他者性を否定する暴力であるといって批判しています。

麻衣　うーん、やっぱりそんなこと言われても共感できないなぁ。

先生　結構です。それなら、共同性がもたらす暴力とはどのようなものなのかを考えていきましょう。

共同性の暴力

先生　他者の他者性という限界を踏み越えるということは、人間がそれぞれ違った存在であり、他者と「私」とが異なる存在であるということが忘れられる、ということです。そうした忘却のもとに恋愛をしてしまうと、恋人を他者として想像する努力が失われてしまいます。それは「恋人もまた私と同様に○○であるはずだ」と考えることに等しいのです。

このことが意味しているのは、恋人という他の存在を「私」と同じものへ還元してしまい、恋人の他者性を否定するということです。それが共同性のもたらす暴力にほかなりません。「私」が思うような相手でなければ、言い換えるなら「私」が認めるような相手でなければ、相手の存在を否定する、という態度です。

麻衣　うーん、分かるような気もするんですが、もうちょっと具体例で説明してくれませんか？

先生　では、たとえば私と麻衣さんが付き合っているとしましょう。

麻衣　あ、それは勘弁してください。

先生　君はオブラートというものを知らないのですか？

麻衣　ネコのコケタニくんにしてください。

先生　何ですかそれは。

麻衣　私のぬいぐるみの名前です。

先生　……いいでしょう。麻衣さんはコケタニくんと付き合っているとします。麻衣さんは、自分とコケタニくんが互いに愛し合っていると固く信じています。しかし、ある日コケタニくんが別の女性とメールしていたことが判明します。

麻衣　許せん、コケタニ！

先生　そのことに憤怒《ふんぬ》した麻衣さんがコケタニくんをベッドに投げつけ、コケタニくんの受信したメールをすべて削除してしまいます。ここで暴力が発生することになりますが、その心理に注目してみてください。麻衣さんはコケタニくんがどうでもいい存在だから暴力を振るっているのではありません。むしろ、自分とコケタニくんが愛し合っているという共同性を信じているがために、それを裏切るような行為をしたコケタニくんを否定しているのです。

麻衣　コケタニくんを嫌っているわけではない、ということですか？

先生　嫌っているのかも知れません。ですが、それは自分とコケタニくんが愛し合っているという共同性を守るために、いま目の前にいるコケタニくんを嫌う、という形で嫌っているということです。

麻衣　なるほど。そもそもコケタニくんとの共同性を感じていなかったら、そんなに怒ったりしないですもんね。

先生　その通り。ですが、そうした暴力を振るうとき、麻衣さんはコケタニくんにとって事態がどうであるかを考えてみる余裕を失っています。麻衣さんは「別の女とメールする＝浮気する＝私を愛してない」という勝手な等式を立て、その等式をコケタニくんに適用し、コケタニくんを否定してしまうのです。しかし、違う考え方をすることもできたはずです。麻衣さんにとって別の女とメールすることは浮気かも知れませんが、コケタニくんにとってはそうではないかも知れません。コケタニくんにとっては、別の女性とメールをしていたとしても、変わらずに麻衣さんを愛することができるのかも知れません。

　もちろん、そうした考え方は麻衣さんにとっては受け入れがたいものである可能性もあります。

麻衣 極めて受け入れがたいですね。

先生 しかし、たとえ麻衣さんがコケタニくんの考え方を理解できなかったとしても、とにかくそれがコケタニくんの価値観なのであって、それが麻衣さんに対するコケタニくんの他者性です。麻衣さんがそうしたコケタニくんの他者性を踏み越え、「別の女とメールする＝浮気する＝私を愛してない」という価値観をコケタニくんに当てはめるとき、麻衣さんはコケタニくんとの共同性を盲目的に維持しようとするあまり、コケタニくんが自分とは違う存在であるということを否定し、結果的に現実のコケタニくんを否定していることになります。

麻衣 それが他者を「私」と同じものに還元する暴力、っていうことですか。

先生 その通りです。

他者と向き合うこと

先生 改めて「誰かの願いが叶うころ」に戻りましょう。先ほど指摘した通り、「みんなの願いは同時には叶わない」という人間観をもつ「私」は、「あなた」との隔たりを繊細に感じ取り、その隔たりを無理に埋めようとはしていません。

麻衣　さっきの議論に引きつけると、「私」は「あなた」の他者性を否定しないようにしている、っていうことになるんですかね？

先生　その通りです。「私」は「自分の幸せ」と「あなたの幸せ」が異なるということを受け入れ、「あなた」を他者として尊重しています。だからこそ、「私」から去っていく「あなた」にしがみついたり、また「あなた」を否定したりしていないのです。

麻衣　ねぇ先生、とりあえず他者の他者性を尊重することが大事なのは分かりました。でも、私はやっぱり腑《ふ》に落ちないいんですよね。

この曲の「私」は「あなた」が好きだから「あなたの幸せ」を願っているわけですよね。でも、その「あなた」は「私」を捨てようとしている。それじゃあ、「私」は自分が不幸になることを願っている、ということになります。私だったらそんなの耐えられないです。

先生　なるほど。麻衣さんの言いたいことはよく分かります。

曲のなかで描かれる「自分の幸せ」は、一方では「あなたを抱き寄せたい」という願望でありながらも、他方では「あなたの幸せ」を叶えたいという願望です。しかしその二つは矛盾してしまいます。一方を叶えれば他方は成り立ちません。だからこそ「私」の心は痛切に引き裂かれ、何もできなくなってしまっているのです。

麻衣　でも、結局その両方を支えているのは「あなた」のことが好きだっていう気持ちなんでしょう？

先生　その通りです。まぁ、いささか卑怯《ひきょう》な言い逃れ方をすれば、それが恋愛をすることの切なさであるということでしょう。

麻衣　大人は卑怯だ！

先生　とはいえ、麻衣さんの指摘は重要な哲学的含意をもっています。君が言う通り、「私」は「あなた」のことが好きだからこそ、「あなた」の他者性を尊重しているのです。他者の他者性を尊重するということは、「どうせ他者のことなんか分からない」と、他者に対して無関心な態度を取ることではありません。そうではなく、他者の声に耳を傾け、他者の眼差しを受け止めながら、他者といい、い、向き合うという態度です。レヴィナスは、そのように他者と正面から向き合うことこそが「正義」であると主張しています。

時間への問いへ

先生　最後に簡単にここまでの議論を振り返っておきます。

自分について考えるためには、まず他者との関係から考えなければなりません。そうした他者との関係がもっとも鋭く意識されるのは恋愛においてです。「私」にとって恋人は、直接的で相互的な存在であり、恋愛において「私」は自分を「恋人とともに生きるもの」として感じます。私たちは恋人という他者がもつそうした性格を共同性と名付けました。

しかし、共同性が実感されるのはあくまでも「私」にとってでしかありません。恋人にとって「私」との関係がどのようなものであるかは、「私」には知り尽くすことも操作することもできません。恋人のこうしたもう一つの性格を他者性と名付け、ここに共同性の限界を見出しました。恋人の他者性を否定する行為は暴力になります。

麻衣　だから切なさを受け入れろというわけですよね。

先生　そう不貞腐《ふてくさ》れないでください。確かに、他者性を尊重するということはある場合にはとても辛いことです。実際に、詞のなかの「私」もその辛さに悶《もだ》えています。ただ、同時に一つの解決策が提示されてもいます。次の詞を見てみましょう。

小さな地球が回るほど

優しさが身に付くよ
もう一度あなたを抱き締めたい
できるだけそっと

先生　ここでは「小さな地球が回るほど優しさが身に付くよ」と語られています。地球が回るというのは、時間が経過していくことの比喩です。つまりここで表現されているのは、私たちの苦しみが時間によってなだめられていくということに他なりません。

麻衣　何事も時間が解決する、ってことですか。うーん、でも本当にそうかなぁ。

先生　では、これを次の章のテーマに据えることにしましょう。すなわち、私たちにとって時間とはなにか、その中で生きることはどんな意味をもっているのか、という問いです。

＊エマニュエル・レヴィナス（Emmanuel Lévinas）　一九〇六—一九九五。フランスの哲学者。現象学とユダヤ思想をバックボーンにしながら独自の倫理思想を展開した。主著に『全体性と無限』がある。また、『実存から実存者へ』は、第二次世界大戦中、フランス軍兵士としてドイツ軍の捕虜となった際、森林伐採をしながら執筆されたものである。

第三章

時間

先生　この章では時間をテーマにしていきます。

麻衣　先生、ちょっと質問があるんですけど。

先生　なんでしょうか？

麻衣　時間を扱う学問って、どちらかというと科学なんじゃないですかね？　物理学とか。

先生　ふむ。確かに時間は理論物理学の基本的な概念です。ただ、科学的に考えられる時間と、哲学的に考えられる時間は少し違います。

麻衣　どう違うんですか？

先生　ううむ、これはとても難しいことなので、ポンと聞かれてポンと答えられるようなものではないのですが……。まぁ、とても簡単に説明してみましょう。まず、科学的に考えられる時間は時計によって計測されるような時間です。

麻衣　一秒、二秒、みたいに、っていうことですか？

先生　その通り。計測される時間の単位はどんなときでも同じです。例えば、昨日の一秒間と明日の一秒間が異なっていたら困りますよね。

これに対して、哲学的に考察される時間は、私たちが生きる時間です。

麻衣　えーと、そういわれてもまったく分からないのですが……。

先生　例えば、デートをしているときと退屈な授業を受けているときの時間を考えてみてください。同じ六〇分間でも、ずいぶん違った風に感じられるのではないでしょうか？

麻衣　あ、それはそうですよね。デートの時間はあっという間に過ぎてしまうけど、退屈な授業はすごく長く感じます。

先生　簡単にいえば、それが生きられた時間です。時計で計測された時間はあくまでも抽象的なものでしかありません。これに対して、生きられた時間は私たちにとって具体的な意味をもっています。

麻衣　そういえば、前の章では時間が悲しみを慰めてくれるっていう話がされてましたよね。要するに、それも生きられた時間がもつ意味、っていうことですか？

先生　その通り。この章では、過去、未来、現在と時制を分け、そうした具体的な意味に注目しながら、時間について考察していこうと思います。

一　過去を記憶すること

「天体観測」

BUMP OF CHICKEN

先生 最初に検討するのは過去という時制についてです。ただし、歴史学について考えるわけではありません。私たちがテーマにするのは、人間が過去をどのように体験するのか、それは人間にとって何を意味するのか、ということに他なりません。

麻衣 よかった……。

先生 おや、何がよかったのでしょうか？

麻衣 私、歴史がすごい苦手なので、質問されても何も答えられないやー、と思ってました。

先生 そうでしたか。もちろん、歴史そのものは哲学にとって非常に重大なテーマです。ただ、過去に起こった出来事に関する知識はここでの主題ではありません。ご安心ください。

さて、この章全体に関して一つ前提にしたいことがあります。簡単なことですが、重要なのでよく聞いてください。

麻衣 了解です！

先生 時間は、今までテーマにしてきた「自分」や「恋愛」に比べると、日常生活においてずっと見えにくいものです。日常生活において、私たちは目の前に起こる出来事に取り掛からなければならず、自分がどんな風に時間と接しているかをほとんど意識しないからです。「自分」や「恋愛」については日々のなかで色々と考えることもあるかも知れません。しかし、「時間とは何だろう？」「過去とは何だろう？」と足を止めて考える機会は少ないはずです。

麻衣　確かにそうですね。過去とは何か、なんて気にしたこともないです。

先生　しかし、ある特殊な事態において、私たちは日常生活ではありえないような形で時間を体験することがあります。私たちはそうした時にこそ時間の本当の姿に接することになり、そうした時間は何か特別な意味をもっているように感じられます。そうした体験こそが真の時間と接することを意味するのです。
　ですから私たちはこれから、日常生活における時間と、特別な意味をもった時間とを区別し、後者の時間に光を当てることで議論を進めていこうと思います。

麻衣　えーと、つまり、非日常的な時間の体験を中心に考えていく、っていうことですか？

先生　そういうことです。最初のテーマは過去です。ここでは特に記憶の想起に注目していきます。それも日常では滅多に起こらないような想起、フラッシュバックのような想起です。そのとき、私たちは過去の本当の姿に出会うことになります。取り上げるのはBUMP OF CHICKENの「天体観測」です。

天体観測——BUMP OF CHICKEN

作詞 藤原基央

午前二時　フミキリに
望遠鏡を担いでった
ベルトに結んだラジオ
雨は降らないらしい

二分後に君が来た
大袈裟な荷物しょって来た
始めようか　天体観測
ほうき星を探して

深い闇に飲まれないように
精一杯だった
君の震える手を　握ろうとした

あの日は

見えないモノを見ようとして
望遠鏡を覗き込んだ
静寂を切り裂いて
いくつも声が生まれたよ
明日が僕らを呼んだって
返事もろくにしなかった
「イマ」という　ほうき星
君と二人追いかけていた

〔……中略……〕

背が伸びるにつれて
伝えたい事も増えてった
宛名の無い手紙も
崩れる程　重なった

僕は元気でいるよ　心配事も少ないよ
ただひとつ　今も思い出すよ

予報外れの雨に打たれて
泣きだしそうな
君の震える手を　握れなかった
あの日を

見えてるモノを　見落として
望遠鏡をまた担いで
静寂と暗闇の帰り道を　駆け抜けた

そうして知った痛みが
未だに僕を支えている
「イマ」という　ほうき星
今も一人追いかけている

もう一度君に会おうとして
望遠鏡をまた担いで
前と同じ　午前二時
フミキリまで駆けてくよ
始めようか　天体観測
二分後に君が来なくとも

「イマ」という　ほうき星
君と二人追いかけている

先生　「天体観測」はBUMP OF CHICKENが二〇〇一年に発表した通算三枚目のシングル曲です。テレビドラマの主題歌にも採用され、彼らの出世作となったことでも知られています。

麻衣　バンプって独特な世界観があって素敵なんですよね。なんか、ノスタルジックというか、ファンタジーっぽいというか。

先生　確かに、彼らは寓話的なメタファーを効果的に用いながら、詞の全体を一つの物語のように進行させていくことを得意としています。「天体観測」はその代表格のような曲ですね。では麻衣さん、ちょっと詞の物語を説明してくれませんか？

麻衣　任せてください！　えーとですね……まず、「僕」と「君」が天体観測をする約束をしていて、「午前二時」の「フミキリ」で待ち合せていた、っていうところから始まりますよね。私の勘だと二人は中学生ですね！

先生　ほほう、なぜそう思われるのですか？

麻衣　「午前二時」に外に出るっていうことが、なにかとんでもない大冒険のように描かれてるじゃないですか。「深い闇に飲まれないように　精一杯だった」っていってるし。きっと、二人とも親が寝静まるのを待って、忍び足で家を出て「フミキリ」に向かったんですよ。

先生　なるほど。麻衣さんは不倫の修羅場から中学生の大冒険までカバーする豊かな感性をおもちなんですね。

麻衣　微妙な悪意を感じるのですが。

先生　気のせいです。それで、物語はどう進んでいきますか？

麻衣　とにかくそれで天体観測に向かうわけです。で、そこで「僕」は「君」の手を握ろうと思うんです。でも嫌われるのが怖くって握れないんですよね。きっと二人は並んで夜道を歩いていて、「僕」は躊躇《ちゅうちょ》しながら何もできないでいたんですよ。きゃー！

先生　麻衣さん楽しそうですね。

麻衣　それで、結局手を握れなかったことを「僕」はとっても後悔することになります。

先生　ふむ。なんでそんなに後悔するのでしょう？

麻衣　恐らくですけど、何かのきっかけで「僕」と「君」は離れ離れになるんですよ。「君」が遠くに引っ越しちゃうとか。あ、それか二人が中学三年生で、別々の高校に行くっていう可能性もありますね。

先生　それか、「君」が本当は地底人で、翌朝にはモグラ戦車に乗ってマントルの下に帰らないといけないという……

麻衣　それはないです。なんですかモグラ戦車って。
先生　すみません。解釈の可能性をお話ししたまでです。続けてください。
麻衣　とにかく、「僕」と「君」は離れ離れになります。「僕」は天体観測をした夜に「君」の手を握れなかったことをずっと後悔しているんです。そして時間が経過していく。その間、「君の震える手を　握れなかった　あの日」は、「僕」にとって忘れられない記憶になっていく。そういう流れですよね。
先生　なるほど。私からは到底出てこない色彩豊かな解釈です。
麻衣　でも、終わりの方がよく分からないんですよね。
先生　ほう、どこでしょうか？
麻衣　たとえば次のところですね。

見えてるモノを　見落として
望遠鏡をまた担いで
静寂と暗闇の帰り道を　駆け抜けた
そうして知った痛みが
未だに僕を支えている

麻衣　ここで、「あの日」の記憶の「痛み」が「未だに僕を支えている」といわれてますよね。でも、「痛み」が支えになるっていうのは、どういうことなんでしょう……？

先生　なるほど。確かにここには一捻《ひとひね》りが加えられていますね。

麻衣　もう一つあるんです。この詞の最後のところなんですけど、こんな風に終わってますよね。

もう一度君に会おうとして
望遠鏡をまた担いで
前と同じ　午前二時
フミキリまで駆けてくよ
始めようか　天体観測
二分後に君が来なくとも
「イマ」という　ほうき星
君と二人追いかけている

麻衣　ここは大人になった「僕」が一人で天体観測に向かっている場面ですよね。もちろん「君」はいないわけですよ。それなのに、「僕」は『イマ』というほうき星　君と二人追いかけている」っていうわけですよ。つまり、「僕」は現実には「君」に会っていないのに、まるで「君」と二人でいるかのように感じているわけですよね。ここもよく分からないです。

先生　なるほど。まさに、その二つのポイントにこの曲の核心があるのかも知れません。

麻衣　うーん、どういうことなんだろう……。

先生　これからの議論へ繋げていくために、私から一つの解釈を提案したいと思います。最後の場面で、「僕」は「君の震える手を　握れなかった　あの日」を思い出しているのではないでしょうか。つまり、ここでは記憶の想起が描かれているのです。

麻衣　記憶の想起……ですか。それにしてはかなり強烈な表現ですよね。

先生　その通りです。なぜ、そうした強烈な表現が用いられているのか。そうしたことを踏まえながら、以下では記憶の本質について考えていきましょう。

日常的な記憶

先生　最後の場面で描かれているのは、遠い過去の記憶が蘇《よみがえ》って、「あの日」の「君」がまるで自分の隣にいるように感じる、そうした心情であると解釈できるでしょう。過去と同じ場所、同じ時間に、同じ行為をすることで「僕」は「あの日」をありありと想起しているのです。

ただしそれは、過去が形を変えずに繰り返される、という感覚ではありません。なぜなら、「僕」にとって「あの日」の「痛み」はただの「痛み」に留まらず、それが「未だに僕を支えている」ものとして感じられているからです。「僕」は過去の「僕」ではありません。「僕」は時間を経て成長しているのであり、「あの日」から変わっているのです。問題なのは、そうであるにも拘わらず「あの日」が全体として蘇るということの意味に他なりません。

麻衣　そう言われると途端に難しくなりますね……。

先生　ただ、こうした記憶の想起は滅多に起こるものではありません。私たちにとって日常的な意味での記憶はこんなにエモーショナルなものではないでしょう。麻衣さん、例えばそうした日常的な記憶としてはどんなものが挙げられるでしようか？

麻衣　えーと、私の場合は勉強ですかね。英語とか。

先生　なるほど、これはいい例です。ちなみに麻衣さんは英語は得意ですか？

麻衣　うーん、日常会話くらいならまぁまぁできるんですけど、ディスカッションとかプレゼンテーションとかは無理ですね。あー、勉強しなきゃ。

先生　そんな辛そうな顔をしないでください。普段はどんな風に学習しているんですか？

麻衣　単語帳を使ってひたすら暗記してます。何度も何度も音読して、口が慣れるまで練習するんですよ。抽象的で難しい単語だと百回くらい音読します。で、考えるまでもなくポンと口から英語が出てくるようになったら、それで覚えたっていうことにしてます。

先生　ふむ。一般的な学習方法ですね。まぁ頑張ってください。

麻衣　もうちょっと温かく励ましてくださいよ……。

先生　いま麻衣さんが話してくれた英語学習法のうちには、私たちの日常的な記憶の基本的な要素が集約されています。日常的な記憶は、第一に、ある目的を達成するための手段として行われます。たとえば、麻衣さんが英語を勉強するのは英会話ができるようになるためです。英会話をするということが目的であり、その手段として英単語を暗記しているわけです。そして第二に、日常的な記憶は基本的に自動的に想起されるものです。麻衣さんがある英単語を完璧に記憶したとき、麻衣さんは必要なときに考えるまでもなくその単語を使って話すことができます。口からポンと出る、ということです。

目的に対する手段であるということ、そして自動的に想起されるということは、あらゆる日常的な記憶に該当すると考えることができます。たとえば、スーパーまでの道のりを記憶しているとき、私たちはスーパーに到達するという目的を達成するために記憶を用いるのであり、またその記憶の想起は自動的に行われます。

麻衣　毎日通っているスーパーなら、一々道のりを「えーっと、どっちだったっけ……」って思い出そうとはしないですもんね。

先生　その通り。もし私たちがスーパーまでの道を記憶しているなら、私たちは何も考えなくてもスーパーに行くことができます。

さて、こうした日常的な記憶は情報化されるという性格をもっています。英単語も、スーパーまでの道のりも、情報として記憶されるということです。そして、それがある目的を達成する手段である以上、その手段として必要のない情報は記憶から捨象されていきます。

麻衣　ん？　どういうことですか？

先生　たとえば、麻衣さんは英単語を覚えるときに何か服を着ていたはずですよね。その服のことを覚えていますか？

麻衣　えー、いや、そんなこと流石に覚えていないですよ。

先生　そうでしょうね。その理由は、どんな服を着ているかということは、英語の学習にまったく役立たないからです。そのため服のことは記憶から捨象されてしまいます。そのときに着ていたのがパーカーだったのか着ぐるみだったのか、麻衣さんにはもうまったく思い出すことができないはずです。

麻衣　なんで私着ぐるみで単語を覚えているんですか。

先生　情報化された記憶において、いつ記憶したのか、どこで、どんな状況で記憶したのかは、もはや思い出されません。私たちは必要なところだけを記憶して、残りは忘却してしまうのです。

　こうした記憶がなければ日常生活は営めません。その限りにおいて、日常的な記憶は生きていくために必須のものです。しかし、こうした記憶のあり方が私たちを著しく貧しくさせることもあります。その最たる例が履歴書です。

麻衣　履歴書が私たちを貧しくさせる……？　どういうことですか？

先生　私たちは履歴書を就職するという目的のために執筆し、自分の人生を年代順に並列させ、そうした情報に基づいて自分自身について語ることになります。その際、私たちは自分の記憶を企業が求めている情報へと変換して履歴書を書くことになります。そのときその情報として必要のない記憶は抹消されてしまうのです。

たとえば麻衣さんが「○○年に○○高校を卒業」と書いたとしましょう。しかし、この情報は麻衣さんが実際に体験した過去を何も語っていません。きっと麻衣さんは卒業式の日にいつもとは違う気分で朝を迎えただろうし、最後に袖を通す制服にも何かしらの感慨を抱いていたでしょう。朝食の味もいつもと違っていたかも知れません。学校までの道のりも、教室の空気も、窓から見える景色も、友達の声も、その一つ一つが特別の印象をもっていたはずです。その総体が高校を卒業したという過去です。その記憶の豊かさに比較すれば「○○年に○○高校を卒業」という情報化された記憶はほとんど内容がないといって差し支えないほど貧しいです。

持続する過去としての記憶

先生　しかし、もちろん私たちの記憶のすべてが情報化されているわけではありません。例えば、麻衣さんがスーパーに向かって歩いているとします。道の途中に桜の木が立っていて、その花びらが目の前を横切ったとします。その瞬間に麻衣さんは唐突に高校を卒業した日を思い出します。そういうことってありませんか？

麻衣　うんうん、よくありますね。

先生　そんな風にして唐突に蘇った記憶は何かに役立てるための情報ではありません。その記憶が呼び覚まされたとしても何の目的も達成されないからです。情報ではないということは、その記憶は抽象化されていないということです。そのため、そうした記憶にはディテールや微妙な雰囲気が宿っているはずです。

麻衣　卒業式の日の気持ちとか、そのとき目にした色々なものとかが、ぶわーって思い出される感じですよね。

先生　その通り。この種類の記憶においては様々な印象が全体となって一つに混ざり合っています。フランスの哲学者ベルクソン*は、こうした記憶のあり方を「純粋記憶」と名付け、日常的な記憶から厳密に区別しました。

ベルクソンに拠れば、私たちは経験していくことのすべてを「純粋記憶」として蓄積しており、それらはバラバラになることなく一つに溶け合っています。例えば高校の卒業という記憶において、その日の制服の着心地や、朝食の

卒業式

味や、通学路の景色や、教室の空気などが全部一つに混ざり合って全体を作っています。同時にそうした「純粋記憶」は、どんなに遠い過去の記憶であったとしても、いま生きている「私」の現在に深く浸透しています。ベルクソンはこうした「純粋記憶」のあり方を「持続」として性格づけました。

麻衣　なるほど。現在に浸透していないと、急に思い出が蘇ることもないですもんね。

先生　仰る通りです。ただし、こうした「純粋記憶」の想起は日常生活ではそう頻繁には起こりません。なぜならそれは何の役にも立たない記憶であるからです。

麻衣　あー、ということはもしかして、役に立たないからこそ純粋なんだ、っていうことですか？

先生　鋭いですね。まさにその通りです。桜の花びらを見て一々立ち止まってぼーっとしていたら、日常生活なんて送ることができません。ですから「純粋記憶」の想起は特殊な状況においてだけ発生するような、非日常的な記憶の想起であるといえるでしょう。

こうしたことを踏まえれば、「天体観測」の詞はこの「純粋記憶」の想起を表現していると解釈することができるはずです。

麻衣　おおお、戻って来た！

先生　最後の部分で、大人になった「僕」は一人で天体観測に向かいながら過去の「あの日」がその場に蘇るような体験をしています。実際には一人でいるのに、まるで「あの日」の「君」が隣にいるかのように感じます。しかしこの記憶は何か別の目的のために役立てられるようなものではありません。それは「僕」のなかに持続する過去の表出でしかありません。

同時にここで「僕」は「あの日」の「痛み」を「未だに僕を支えている」ものとして捉えています。過去の「痛み」が苦痛をもたらすものであるにも拘わらず「僕を支えている」のは、過去が現在の「僕」のなかに持続しており、つまり過去と現在とが相互に浸透していて、その過去なしには現在の「僕」はありえないからです。確かに「あの日」は「僕」に忘れることのできない痛みをもたらしたし、そのことを思い出す度に「僕」は後悔して苦しんできたのかも知れません。しかしそうした苦しみの記憶なしには今の「僕」もまた存在しないのです。

麻衣　つまりそれって、今の自分を成り立たせるものとして過去を捉えなおしている、っていうことなんですかね？

先生　そう言い換えることもできるでしょう。あるいは「僕」はそうやって過去の「痛み」と共生しようとしているのかも知れません。

過去を体験するということ

先生　「天体観測」において描かれている記憶の想起は、「○○年○月○日に天体観測をした」という履歴書的な過去ではなく、「僕」のなかに生き続けている具体的な過去が全体として蘇るという体験です。

麻衣　で、こういう風に記憶を思い出すことが、過去の本当の姿に接することなんだ、っていうことなんですかね？

先生　その通りです。日常的な記憶において過去は抽象化されてスカスカになっています。履歴書的に自分の過去を列挙しても、それは単なる情報でしかなくて、過去の真の姿を見ていることにはなりません。他方で、自分の過去をありのままに思い出すことは日常において何の役にも立ちませんから、生活を一旦ストップさせてしまう力をもっています。そうした記憶の想起は私たちにとってはあくまでも非日常的なものなのです。

麻衣　そういえば私、とりとめもなくぼーっと昔を思い出していて、勉強できなくなっちゃうことがよくあります。

先生　まさにそれですね。ただ、大切なことは、私たち﹅﹅﹅の過去は履歴書﹅﹅﹅などでは把握﹅﹅

できない、、、ということです。私たちが過去を過去として体験するのは、それが全体的な豊かさを伴いながら日常生活を遮断する形で思い出されるときに他なりません。

麻衣　なるほどなるほど……。しかし先生、この章は一発目から重いですね。

先生　はい。時間論に入ったということは哲学的な議論も本丸に突入したということです。ここから先は私たちの人生により差し迫った議論が展開されることになるでしょう。しかし、恐れることはありません。我々にはＪポップがあるのですから☆

麻衣　その星は二度と使わないと約束してください。

***アンリ＝ルイ・ベルクソン**（**Henri-Louis Bergson**）一八五九—一九四一。フランスの哲学者。当時の心理学や生物学の知見を受容しながら、人間の知覚や記憶、また生命の進化などをテーマにした。流麗な文章で知られており、一九二七年にはノーベル文学賞を受賞している。主著に『時間と自由』『物質と記憶』『創造的進化』などがある。

二　未来を待つこと

「キラキラ」

aiko

先生 次に考えていくのは未来についてです。

麻衣 過去から未来へ、ということですね！

先生 はい。ただしより正確に表現すれば、未来はどのように体験されるのか、ということが私たちの問いです。この問いに取り掛かるためには未来の体験をより具体的な形で考えていく必要があります。たとえば、十億年後に太陽が爆発するだろう、という予測も未来の体験の一つですが、それは私たちにとってあまりにも抽象的過ぎます。

麻衣 そんな先のことは私たちに関係ないですもんね。

先生 まあ、冷たく言ってしまえばそういうことです。私たちにとって未来が具体的な問題として関わってくるのは、自分の未来についてでしょう。明日はどうなっているのか、十年後はどうなっているのか、そうしたことを考えるときにこそ、私たちは未来という時制を具体的に体験することになります。

そしてもう一つ。私たちは先ほど過去について考えたとき、日常的な時間と特別な意味をもつ時間を区別し、前者における過去の体験を情報化された記憶の想起として、後者における過去の体験を全体として蘇る記憶の想起として特徴づけました。

麻衣 後者こそが本当の過去である、っていうのが結論でしたよね。

先生　その通りです。この二分法を未来について考えるときにも用いることにしましょう。つまり、日常的な未来の体験と、特別な意味をもつ未来の体験を区別し、後者こそが本当の未来であると結論付ける、という流れで話を進めていきます。

麻衣　ほほーう。未来にも日常とか非日常とかがあるのですね。

先生　はい。ここで取り上げるのはａｉｋｏの「キラキラ」です。この曲には極めて極端な形で未来と関わる姿が描かれています。

キラキラ——aiko

作詞　AIKO

待ってるねいつまでも
今日は遅くなるんでしょう?
一人寂しくない様に
ヘッドフォンで音楽聴いてるね

遠い遠い見たことのない
知らない街に行ったとしても
あたしはこうしてずっとここを
離れずにいるよ

羽が生えたことも　深爪した事も
シルバーリングが黒くなった事

帰ってきたら話すね
その前にこの世がなくなっちゃってたら
風になってでもあなたを待ってる
そうやって悲しい日を越えてきた

明日は来るのかな?
きっとちゃんとやって来るよ
仲良しの友達　励ましくれた四つ葉の緑

想い悩み溢れる程
眠れぬ夜迎えてばかり
あなたを好きという事だけで

あたしは変わった

〔……中略……〕

遠い遠い見たことのない
知らない街に行ったとしても
離れ離れじゃないんだから
あたしはこうして…

羽が生えたことも　深爪した事も
シルバーリングが黒くなった事
帰ってきたら話すね
その前にこの世がなくなっちゃってたら
風になってでもあなたを待ってる

そうやって悲しい日を越えてきた

先生　「キラキラ」は二〇〇五年にリリースされたａｉｋｏの十八枚目のシングル曲です。夏らしい爽やかなメロディーが軽快に弾ける曲ですね。

麻衣　私、昔から思っていたんですけど、ａｉｋｏの歌って不思議ですよね。すごい変わった言葉遣いをしているのに、彼女が歌うとなぜかすごくキュートになる。

先生　そうかも知れません。先ほど紹介したBUMP OF CHICKENも独特な言葉遣いをしますが、彼らはどちらかといえば綿密に計算しながら作詞をしている印象があります。それに比べるとａｉｋｏの比喩はもっと直感的で連想的です。そのためしばしば謎めいた詞にも見えてしまうのですが、だからこそ軽やかで自由であり、かえってリスナーの想像力を刺激する力をもっています。

麻衣　「キラキラ」もすっと聴くだけだと可愛いけど、詞そのものはなんだか不思議な感じがします。

先生　その通りです。ただ、原則的には分かりやすいテーマなのではないでしょうか？

麻衣　恋人の帰りを待つ女の子、っていうことですよね。

先生　はい、そんなところでしょう。次の詞を見てください。

待ってるねいつまでも
今日は遅くなるんでしょう?
一人寂しくない様に
ヘッドフォンで音楽聴いてるね

先生　ごく日常的な風景です。「あたし」は「あなた」と一緒に住んでいて、仕事に行った「あなた」の帰りを待っている。そんな何でもない状況の描写のようです。しかし、そうしたリスナーの解釈は鮮やかに裏切られます。次の詞を見てください。

羽が生えたことも　深爪した事も
シルバーリングが黒くなった事
帰ってきたら話すね
その前にこの世がなくなっちゃってたら
風になってでもあなたを待ってる
そうやって悲しい日を越えてきた

麻衣　まさにａｉｋｏミステリーって感じですよね。
先生　はい。唐突に場面が展開してしまいます。この詞を決定的に奇妙なものにしてこの世がなくなっちゃってたら　風になってでもあなたを待ってる」という部分です。
麻衣　「この世」ってすごい表現ですよね。
先生　この詞を普通に読めば、「あたし」は「あなた」がいつ帰ってくるのか、そもそも「あなた」が帰ってくるのか否かすら知らないように思えます。「この世」が滅ぶ前に「あなた」が帰ってくるという確信を「あたし」がもっていないからです。
麻衣　先生、ちょっと質問してもいいですか？
先生　どうぞ。
麻衣　「あたし」はその直前では「今日は遅くなるんでしょう？」とも言ってるわけですよね？　だったら、少なくとも「あたし」は「あなた」が「今日」帰ってくることを分かってないといけないんじゃないですかね？
先生　その通り。ここがリスナーを混乱させるポイントです。つまり「あたし」は、一方では「あなた」が「今日」遅くに帰ってくるのを待ちながら、他方で「あなた」が「この世」が存在する間に帰ってくるか否かすら分からない状態にあるのです。

麻衣　ああ、脳が痛い……。

先生　もしかしたら誇張表現としてわざと矛盾した表現が用いられているのかも知れませんが、あえてここではその可能性を排除して考えてみましょう。もしこの詞が「あたし」にとって矛盾のない一つの気分を表現しているのだとしたら、次の二つの整合的な解釈の可能性があります。一つは、「この世」が「今日」中に滅亡するということです。

麻衣　いや、流石にそれはないのでは……。

先生　はい。この解釈はいささか非現実的です。ですから、ここでは次のもう一つの解釈の可能性をクローズアップしていきたいと思います。それは「あたし」が、帰ってくるかどうか分からない「あなた」を、「今日」遅くに帰ってくるものとしてずっと長い間待ち続けている、ということです。つまり、実際に「今日」帰ってくるかどうかは分からないが、しかし帰ってくるんじゃないかな、という期待を抱きながら毎晩「あなた」を待ち続けている、ということです。

麻衣　それはそれで果てしなく絶望的な待ち方ですよね。

先生　はい。後者の解釈をとるとすれば、「あたし」は極めて自己犠牲的に「あなた」を待っていることになります。こうした待ち方をしている「あたし」にとって、「あなた」が帰ってくるかも知れないという未来はどのように体験されているのでしょうか。ここから、私たちにとっての未来の意味を考えていきたいと思います。

日常生活における目的としての未来

先生 麻衣さん、そもそも未来という時制はどういう性格をもっていると思いますか？

麻衣 えーと、言葉通りに解釈するなら、まだ来ていない時間、っていうことですよね。

先生 その通りですね。単純すぎることのようにも思えますが、ここがとても重要です。つまり未来は現在においてはまだ存在しない時間です。そして、私たちの体験は常に現在においてなされるのですから、未来に関わるということは、まだ存在していないものに関わる、ということです。しかし、いうまでもなく、私たちは存在しないものに触れることはできません。未来は現在になって初めて私たちが触れられるものになります。ですから、私たちが未来に対してでき

麻衣　ることは、未来が現在になるのを待つことだけであり、そうした未来が到来したときのために準備をすることです。そうした意味で、未来に対する私たちの関わりは待つという行為に集約されるといっても過言ではありません。でも、「キラキラ」の「あたし」みたいな勢いで人を待つことなんて普通はないと思いますけど……。

先生　仰る通りですね。「あたし」の待ち方は明らかに普通ではありません。では麻衣さん、日常的な意味で何かを待つことの例を一つ挙げてくれませんか？

麻衣　例えば、電車に乗っているときですかね。シートに座って、駅に到着するのを待っているとき。大学に行くのに毎日使っているので、私にとってはそれが一番身近ですね。

先生　ふむ。ちなみにどれくらい時間がかかるんですか？

麻衣　三〇分くらいですね。一限がある日だとラッシュになるので地獄ですよ。

先生　なるほど。良い例をありがとうございます。では、電車に乗っている時間から私たちが日常生活で未来と関わるときの基本的な性格を考えてみましょう。

　まず指摘されるべきことは、日常生活において何かを待つということは、ある目的を達成する手段として行われるということです。電車に乗るということは、駅に到着するという目的を達成するための手段です。

麻衣　あ、過去について議論したときも、日常生活では記憶が目的を達成するための手段になる、っていう話をしてましたね。

先生　素晴らしい。まさにその通りです。私たちの日常生活は原則的に目的と手段の関係によって支配されています。そうした関係に基づけば、現在の私たちの行為がある目的を目指しているとき、その目的は必ず未来にある、ということになるでしょう。そうである以上、未来へと向かう現在の行為は手段という性格を帯びることになります。

麻衣　あ……、先生、ちょっと難しくなってきました。

先生　たとえば、麻衣さんが電車に乗っていてある駅に向かっている時、駅に到着するのは未来であり、電車に乗っているのが現在です。いいですか?

麻衣　はい。オーケーです。

先生　そして、駅に到着するということが目的であって、電車に乗るということがその手段です。このとき、目的は未来にあり、その手段が現在の行為である、ということになります。

麻衣　あ、そういうことですか。よく考えたら単純ですね。

未来の否定

先生　……しかし人間は弱い生き物です。

麻衣　急にどうしたんですか先生。

先生　私たちは日常生活において、しばしばそうした未来に囚われるあまり、未来を一秒でも早く実現したいと欲してしまいます。
　たとえば、目的地の駅に到着するために鈍行列車と新幹線があれば、私たちは間違いなく新幹線を選んでしまうでしょう。

麻衣　まぁ、お金があればそうですよね。

先生　あるいは、もしその場所に到達するためにもっと早い選択肢があるなら、そちらを選ぶことになるはずです。それは、言い換えるなら、一秒でも早く未来を実現してしまいたい、という欲望に他なりません。
　しかし、思い出して頂きたいのですが、未来はまだ存在しない時間です。その未来を一秒でも早く実現したいという欲望を抱くことは、未来の「まだ存在しない」という性質を否定するということを意味しています。そのとき未来は、本当なら今すぐにでも実現されるべきなのに、まだ実現されていない事柄に変わってしまうのです。

もちろん、目的が効率的にかつ迅速に達成されることは悪いことではありません。そのための努力も無意味ではないでしょう。しかし、一秒でも早く未来を実現したいという欲望は場合によっては私たちの生活を息苦しくさせもします。

麻衣 うーん？　なんで息苦しくさせるんですかね？　早く目的を達成することは悪いことじゃないと思いますけど。

先生 もちろん、速やかな目的の達成は日常生活を円滑に営む上では必要不可欠です。しかし、そうした態度に固執することがかえって生活に疲れをもたらすこともあるのです。

例えば、麻衣さんが好きな人とメールのやり取りをしているとしましょう。

麻衣 は、はい。

先生 麻衣さんが相手にメールを出します。これが現在です。メールでは一緒にご飯を食べに行こうよと相手を誘っているとします。では、このとき期待される未来とは何でしょうか？

麻衣 えーっと、相手から返信が来て、デートの約束を取り付ける、っていうことですかね。

先生　その通りです。このとき麻衣さんは相手から返信が来るという未来を待つことになります。問題はここで待てるかどうかです。もちろん麻衣さんは一秒でも早く返信が欲しいと思うでしょう。つまり、一刻も早く未来を実現したいという欲望を抱くでしょう。しかし、それにも拘わらず相手から返信が来ないとき、この欲望はメラメラと燃え上がっていきます。まだ来ない、まだ来ない、と。

麻衣　つまり、それが息苦しくなる、っていうことなんですかね？

先生　その通りです。やがて耐えられなくなって返信を待たずにさらにもう一通こちらからメールを出したりするかも知れません。「あ、ごめん、さっきのは冗談。やっぱ忙しいかな？」などと。

麻衣　妙にリアルですね。

先生　しかし、もちろんこんな風に立て続けにメールを出していたら、相手は麻衣さんを気持ち悪がるかも知れません。それによってかえって相手からの返信は遅くなったり、デートの約束を取り付けること自体に失敗したりするかも知れません。

麻衣　私を勝手に残念な女にしないで頂きたいのですが……。

先生　このとき、一秒でも早く未来を実現したいという欲望を抱くことで、かえって麻衣さんは未来を遠のかせ、それによって悶えることになってしまうのです。完全な悪循環です。いと哀れなり。

麻衣　分かってると思いますけど、使い方間違ってますよ。

先生　こうした息苦しさはメールに限らず様々な場面で起こることです。早くあれをしなければならない。早くこれを片づけなければならない。そのために今できることはなにか。そんな風に躍起《やっき》になっていると、私たちはどんどん疲れ果ててしまいます。そうであるにも拘わらず、日常生活において私たちはしばしば待つことに耐えられなくなり、早く未来を招き寄せたいという欲望に囚われてしまうのです。

未来を待つこと

先生　さて、こんな風に一秒でも早く未来を実現したいという欲望の対極にあるのが、待つという行為です。待つことはある場合には精神力を必要とする行為です。それはこちらから手を出さないという行為であり、いわば行為をしないという行為です。そのとき私たちは自分の欲望を抑えつけ、そうした欲望から自由にならなければなりません。

フランスの哲学者ヴェーユ*はこうした観点から「待つこと」の価値を重視しました。ヴェーユに拠れば、「待つこと」は自分の欲望を滅却させて未来と向き合う態度です。ただし、それは未来に対して何もせずに怠けることを意味するのではありません。何かを待つということは、未来が到来したときに反応できるよう、常に「注意」を傾けるということを必要とします。ヴェーユが注目したのは「待つこと」が必ず「注意」を伴うということです。

麻衣　先生、質問です。「待つこと」と「注意」ってどう繋がるんですか？

先生　例えば、麻衣さんが相手からの返信をじっと待っているとします。

麻衣　残念な麻衣さんの再登場ですね。

先生　そのとき麻衣さんが一刻も早く返信が欲しいという欲望を克服して、じっと相手を待つことができるとします。そのとき麻衣さんは自分から働きかけることはありませんが、しかし相手から返信があったらすぐに応答できるように、どんなときでも相手を気にかけ続けなければなりません。つまり、手を出さずに相手の出方をじっと窺うということです。そうした態度がヴェーユのいう「注意」です。

麻衣　なるほどなるほど。

先生　そして、「キラキラ」で描かれているのはまさにそうした形で未来と関わる姿に他なりません。
少し振り返っておきましょう。「あたし」は「あなた」の帰りを待っています。しかし、「あなた」がいつ帰ってくるのか、そもそも本当に帰ってくるのかも、「あたし」にとっては定かではありません。そうであるにも拘わらず「あたし」は「あなた」がまるで今晩遅くに帰ってくるものであるかのように待っています。次の部分をもう一度引用してみます。

羽が生えたことも　深爪した事も
シルバーリングが黒くなった事
帰ってきたら話すね
その前にこの世がなくなっちゃってたら
風になってでもあなたを待ってる
そうやって悲しい日を越えてきた

先生　先ほども述べた通り、この詞に強烈な色彩を与えているのは「その前にこの世がなくなっちゃってたら　風になってでもあなたを待ってる」という部分です。この詞が意味しているのは、世界が滅んだとしても「あなた」を待ち続ける、という「あたし」の態度です。もちろん世界が滅べば「あたし」は死んでしまいます。つまり、「あたし」は自分が死んだあとだって「あなた」のことを待っている、と語っているのです。

麻衣　え、それって怖くないですか……。

先生　難しいところですが、この詞をホラーとして解釈するのは妥当ではないでしょう。別に「あたし」は亡霊になって「あなた」を待つと言いたいわけではありません。むしろポイントは「あたし」が自分の生命への執着＝欲望に囚われることなく「あなた」を待っているということです。ここには、何ものからも自由に「あなた」を待つ、という「あたし」の晴れやかな気持ちが表現されています。

「待つこと」は「注意」することです。従ってそれは未来を無視することではありません。「あたし」はいつ帰ってくるか分からない「あなた」を待っているけれども、だからといって「あなたはそのうち帰ってくるだろうから今は考えないでおこう」などと思っているわけではありません。「あたし」は今晩遅くに帰ってくるものとして「あなた」を待っているからです。「あたし」は絶え間なく「あなた」の存在を意識し続け、「注意」を維持しています。

麻衣　でもそれってすごい精神力を使うことですよね。

先生　その通りです。しかし、「あたし」は、世界が滅んだとしても「あなた」を待つという態度を取り続けることで、「そうやって悲しい日を越えてきた」と語ります。もし「あたし」が「あなた」に一刻でも早く再会したいという欲望に負けて何らかの行動を起こせば、かえって「あなた」や周囲に迷惑をかけ、自分自身を息苦しくさせてしまうかも知れません。「あたし」はその欲望を克服する自由を手にしています。そうした意味で「待つ」ことができるということは自由であることの証なのです。この曲に響き渡る開放的なメロディーはその象徴であるといえるでしょう。

こんな風に、「待つこと」は未来がもつ「まだ存在しない」という性質と正面から向き合う行為です。言い換えるなら、それは現在において未来を未来として体験することに他なりません。

麻衣　なるほどなぁ……。でもそれってやっぱり日常生活では難しいですよね。ａｉｋｏみたいにずっと誰かを待ち続けるのって。

先生　はい。この曲で描かれている「待つこと」はあくまでも非日常的なものです。日常生活において何に対してもじっと待っていたら、生活そのものが成り立たなくなるでしょう。それでも、きっと私たちの人生において、何度かはこんな風に誰かや何かをじっと待つことが必要になるのかも知れません。

＊シモーヌ・ヴェーユ（**Simone Weil**）一九〇九―一九四三。フランスの哲学者。工場労働や戦争体験を背景にしながら独自のキリスト教哲学を突き詰めていった。三四歳の若さで断食によって自死した。主著『重力と恩寵』は、彼女が残した雑記帳が死後に編集されて出版されたものである。

三　この瞬間を生きること

「閃光少女」

東京事変

先生　さて、私たちはこれまで過去と未来について考察してきました。この章で最後に検討するのは現在についてです。

麻衣　先生、質問があるのですが。

先生　なんでしょう？

麻衣　私たちは今まで、非日常的な体験から時間を考えてきましたよね。過去については、桜の花びらを見て急に昔のことを思いだすような記憶を考えたし、未来については、欲望から自由に何かを待つという行為を考えました。でもそうした時間の体験は日常生活では失われてしまう。

先生　はい。その通りです。

麻衣　これって要するに、日常生活そのものが悪者なんだ、っていうことですか？

先生　悪者、というのはどういうことでしょう？

麻衣　うーん、なんというか、私たちから時間を奪う？　というか、時間を見えなくさせてしまう、というか。

先生　なるほど。非常に興味深い指摘です。その場合には、日常生活そのものというよりも、それを支配している目的と手段の関係に目を向ける必要がありそうです。

麻衣　あ、そういえば過去も未来も日常生活では目的と手段の関係に落とし込まれる、っていう話がされていましたね。

先生　その通りです。これから考えていく現在をめぐる考察は、この目的と手段の関係に鋭く切り込んでいくことになります。

麻衣　おお、これは手ごわそうだ……。

先生　現在を考えるのには独特の難しさが伴います。私たちはこれまで、現在において過去や未来をどう体験するかを考えてきました。だからこそ、そこには時間的な幅のようなものを想定することができました。しかし、現在を過去や未来から切り離して考えるなら、私たちは現在を時間的な幅のないものとして、いわば瞬間として考える必要があります。

　ここからは瞬間としての現在をある非日常的な時間として考えていきましょう。取り上げるのは、東京事変の「閃光少女」です。

麻衣　おお！　林檎ちゃんきた！

閃光少女

――東京事変

作詞 椎名林檎

今日現在《いま》が確かなら万事快調よ
明日には全く憶えて居なくたっていいの
昨日の予想が感度を奪うわ
先回りしないで

今日現在《いま》を最高値で通過して行こうよ
明日まで電池を残す考えなんてないの
昨日の誤解で歪んだ焦点《ピント》は
新しく合わせて

切り取ってよ、一瞬の光を
写真機は要らないわ

五感を持ってお出で
私は今しか知らない
貴方の今に閃きたい

今日現在《いま》がどんな昨日よりも好調よ
明日から
そうは思えなくなったっていいの
呼吸が鼓動が大きく聴こえる
生きている内に

焼き付いてよ、一瞬の光で
またとないいのちを

使い切っていくから
私は今しか知らない
貴方の今を閃きたい

これが最期だって光って居たい

先生　「閃光少女」は東京事変が二〇〇七年に発表したシングル曲です。椎名林檎の印象的な歌声が疾走感に溢れるサウンドに乗って駆け抜けていきます。東京事変らしいイノセントでありながらも挑発的な世界観がよく表現された一曲です。

麻衣　私、この曲は高校生のときによく聴きましたよ。ミュージックビデオも素敵なんですよね。

先生　麻衣さんはこの曲にどんなイメージをもっていますか？

麻衣　すごく哲学的だなーって昔から思ってました。よく学校で暇なときに詞を机に書いたりしてましたよ。詞のなかでは光のイメージが前面に押し出されていますよね。強烈な光が一瞬輝いて消えていくような。

先生　なるほど。麻衣さんの言う通り、この詞では「一瞬の光」のように生きることの価値が力強く訴えられています。同時に注目すべきことは、それによって未来と過去とに囚われることが否定されているということです。たとえば次の部分を見てください。

今日現在《いま》が確かなら万事快調よ
明日には全く憶えて居なくたっていいの

今日現在《いま》を最高値で通過して行こうよ
明日まで電池を残す考えなんてないの

先生　ここでは、「明日」のために余力を残すことなくすべてを「今日現在」に使い果たしてしまいたい、と語られています。いうまでもなくこれは未来の否定です。つまり、未来のことなんてどうでもいいから、この一瞬にすべてを託したいというメッセージです。続けて次の部分も見てみましょう。

昨日の予想が感度を奪うわ
先回りしないで

昨日の誤解で歪んだ焦点《ピント》は
新しく合わせて

先生　今度は過去が否定されています。「昨日」まで考えていたことを今日まで引きずってしまうことを退け、あくまでも今日を「新しく」生きることの必要性が訴えられています。ここでは今まで覚えてきたことの価値がばっさりと切り捨てられていますね。

麻衣 こんなことといっていたらまさしく日常生活なんてできないですよね。

先生 その通りです。次の部分にはこの詞のそうした異様さがよく表れています。

焼き付いてよ、一瞬の光で
またとないいのちを
使い切っていくから
私は今しか知らない
貴方の今を閃きたい

これが最期だって光って居たい

先生 「私」は、「一瞬の光」のなかで生きるために「またとないいのちを　使い切っていく」と語り、挙げ句の果てに「これが最期だって光って居たい」とまで言います。ここには濃厚な死の香りが漂っています。「私」は、自分の生命に執着して長生きするくらいだったら、「一瞬の光」として生き、そして死んでしまいたいと言い放っているのです。

麻衣　林檎ちゃんかっけー!!

先生　ただし、この詞は単なる自殺願望の歌ではありません。むしろ、未来と過去との拘束から離れたこの一瞬を生きることの意味に焦点が当てられているのです。もう少し踏み込んで考えていきましょう。

日常生活における現在の無意味化

先生　「閃光少女」が描いているように、一瞬を生きるということは未来と過去から切断された現在を生きるということです。これに対して私たちの日常生活は常に未来と過去との密接な連関の上に成り立っています。

今までの議論をおさらいしておきましょう。日常生活において過去は情報化された記憶として使用されます。たとえば言語を使用するとき、それは必ず過去に学習された記憶です。また、日常生活において未来は一秒でも早く実現されるべき時制として感じられます。なぜなら未来は現在の行為の到達目標として考えられているからです。こうした過去、現在、未来の繋がりの背後に控えているのは、日常生活を支配する目的と手段の連関です。

電車の例で考えてみましょう。私たちは正しい電車に乗るためには記憶を引き出さなければなりません。「○○線の○○行きに乗れば○○駅に到着できるよなー」というような記憶です。そのようにして現在の行為は過去と結びつきます。また、同時に電車に乗るということは必ず目的地を目指す行為です。そして目的地に到着するのは未来においてです。「○○駅に到着するのは○○分後かなー」という風に。このようにして現在の行為は未来とも結びつきます。

麻衣 日常生活では過去と未来と現在は一つになっているわけですね。

先生 その通りです。ただし、そのことがかえって過去と未来とを見失わせるものである、ということは今まで考察してきた通りです。

さて、電車に乗っているとき、私たちは一秒でも早く目的地に到着したいと思ってしまいます。

麻衣 未来の否定ですね。

先生 はい。そのために、鈍行よりは快速、快速よりは特急、特急よりは新幹線を選びたくなるものでしょう。このことが意味しているのは、電車に乗っている時間は短ければ短いほどいい、ということです。短ければ短いほどいい、ということは、移動時間は無ければ無いほどいい、ということです。

麻衣 ふむふむ。同じことを言い換えただけですよね。

先生　はい。ただしこの、無ければ無いほどいい、という性格はあらゆる手段に当てはまるものです。たとえば書類の手続きなどは簡単なら簡単なほどいいでしょう。

麻衣　料理で使う道具も少なければ少ないほどいいですね。

先生　その通り。しかし、ここで少し考えてみてください。私たちの日常生活において現在は常に目的への手段という性格をもっています。しかし、手段は無ければ無いほどいいものです。そうである以上、現在は無ければ無いほどいいものになります。麻衣さん、つまりそれはどういうことでしょうか？

麻衣　んーと……ちょっと分からないです。

先生　つまり、そうした現在は無意味だということです。私たちが現在を未来に到達するための手段として捉えている限り、現在は固有の価値をもたなくなり、無意味なものに変容します。たとえば電車に乗るとき、私たちにとって意味があるのは駅に到着するということであり、電車に乗っているということ自体には意味がありません。

麻衣　でも先生、そうだとしたら、私たちの日常生活はほとんどが無意味になってしまいませんか？

先生　ええ、そうです。

麻衣　うわ、サラッと言った。

先生　いうまでもなく、無意味な時間を過ごすことは私たちに苦痛をもたらします。つまり、ある目的のための手段としての時間を過ごすのは私たちにとって苦痛です。たとえば、電車に乗って何もしていない時間は苦痛でしょう？

麻衣　う、確かにそうですね……。

先生　そういう例を挙げることは無限にできます。試験に合格するために勉強することは苦痛です。企業に就職するために履歴書を書くのは苦痛です。賃金を得るために労働するのは苦痛です。ダイエットをするために走るのは苦痛です。友達との仲を維持するために頻繁にメールを返信するのは苦痛です。

麻衣　せ、先生、もうやめてください……生きるのが辛くなってきた……。

瞬間を生きること

先生　もし無意味ではない現在がありうるとしたら、それは目的と手段の関係では捉えることのできない現在でなければなりません。では麻衣さん、そうした現在のあり方はどう考えることができるでしょうか？

麻衣　ちょ、ちょっと待ってください、さっきのダメージが残っているので……休憩を……。

先生　日常、無意味、苦痛。

麻衣　ぎゃあああっ!!

先生　麻衣さん面白いですね。

麻衣　わ、私で遊ばないでください。

先生　大丈夫です。無意味ではない現在のあり方を一緒に考えましょう。

麻衣　うーん、手段ではないっていうことは、役に立たないっていうことですよね。

先生　その通りです。ただし、役に立たないけれど意味がある現在のあり方です。

麻衣　うーん、なんだろうなぁ……。

先生　難しく考えずに、シンプルに思いついたことを言ってみてください。

麻衣　たとえば遊んでいるときとか?

先生　ふむ。なぜそう思うのでしょうか?

麻衣　私たちが遊んでいるときって、何か目的があって遊ぶわけじゃないですよね。ただ遊びたいから遊ぶわけですよ。そういう意味では、遊ぶことってなんの役にも立たない。でも私たちにとっては意味があることですよね。

先生　んんんっ素晴らしいっ!　パーフェクトです!

麻衣　あれ……こんなんで良かったんですか?

先生 はい。何か不満でしたか？ ひとがいささかオーバーに褒めて差し上げたのに。

麻衣 いや、こんな普通の答えでいいのかな、と思って。もっと凄いことかと予想していたものですから。

先生 確かに遊びはとても身近なことですが、しかし哲学のなかでは重要な概念でもあります。もっと喜んでいいんですよ！

麻衣 うーん、先生にそういわれるとなぜか喜びたくなくなります……。

先生 麻衣さんが指摘してくれた通り、遊ぶことは私たちに役に立たないけれども意味のある時間を与えてくれます。私たちは何か目的があって遊ぶわけではありません。そうである以上、遊びは手段ではありません。従って遊んでいるときの時間は無意味ではないし、だからこそ苦痛でもない、むしろ楽しいものですよね。では麻衣さん、私たちが遊んでいるときの時間はどのような性格をもっているでしょう？

麻衣 うーん、夢中になってる、っていう感じかなぁ？

先生 夢中になっているとはどういうことですか？

麻衣 えっと、あっという間に時間が過ぎていく、っていうことですかね。気が付いたらすごい時間が経っているとか。

先生　エクセレンツっっ!!

麻衣　あ、ありがとうございます。先生なんだかこの回はテンションが高いですね。

先生　麻衣さんが指摘してくれた通り、遊びに夢中になっているとき、私たちは時間があっという間に過ぎてしまうのを感じます。

遊びは目的と手段の関係では捉えられません。それは現在が未来や過去との結びつきを必要としないということを意味しています。遊びは、日常生活の時間の流れから切断された、ある限定された時間として体験されます。そうである以上、私たちは遊んでいるときには時間の流れを意識することができません。それが、夢中になっているときに時間があっという間に過ぎていくように感じられる理由です。

夢中になるということが切断された時間を生きるということである以上、それは一瞬を生きるということに他なりません。そこには時間の流れが存在せず、ある一瞬だけが存在するのです。「閃光少女」において描かれているのは、まさにこうした一瞬を生きることの価値であるといえるでしょう。次の部分を見てください。

今日現在《いま》がどんな昨日よりも好調よ

明日からそうは思えなくなったっていいの
呼吸が鼓動が大きく聴こえる
生きている内に

焼き付いてよ、一瞬の光で
またとないいのちを
使い切っていくから

先生　ここで注目すべきなのは、「今日現在」に最高の価値があるということを認めながらも、「またとないいのちを　使い切っていくから」という表現によって、この現在が二度と繰り返さないものであると語られている点です。「私」にとって「今日現在」は未来と過去から切断された瞬間です。この一瞬の「いのち」は時間の流れを超越しているために、連続していくことがなく、言い換えるなら後にも続いて残ることがなく、つまりこの一瞬だけにしか存在しません。「私」はそうした一瞬を生きることを目的と手段の関係に支配された日常を生きることよりも優位に置いているのです。

こうした一瞬の現在の価値を同様に重視していた哲学者としては、フランスの哲学者バタイユ*の名を挙げることができるでしょう。バタイユは、こうした目的と手段の関係では捉えることのできない価値をもった瞬間のことを「至高性」と呼びました。

麻衣　至高性！　か、かっこいい……。

先生　バタイユに拠れば、「至高性」とは日常生活から切断された瞬間的な時間であり、そこには有用性によっては計ることのできない価値があります。

ただし、「至高性」をもつ瞬間が何かに役立つものではなく、また二度と繰り返さない時間である以上、私たちはその時間のなかで力を使い果たしてしまいます。何かに夢中になっているとき、私たちには明日のために余力を残すことなど考えられません。こうした、この一瞬にすべてを使い果たすという性格を、バタイユは「蕩尽《とうじん》」と呼びました。バタイユに拠れば、「蕩尽」こそが現在に固有の輝きを与え、目的と手段の関係に囚われた日常生活に亀裂を生じさせ、私たちの現在を回復させる力をもつのです。私たちにとって現在が特別な意味をもって体験されるのはこうした瞬間であるといえるでしょう。

死への問いへ

先生　さて、この章では私たちにとって特別な意味をもつ時間について考えてきました。過去については持続する記憶が思い出されるとき、未来については欲望から自由に何かをじっと待つとき、現在については夢中になって一瞬を生きるときを考えてきました。

麻衣　どれも日常生活のなかでは見えてこないもので、ある特殊な状況でだけ現れるもの、ということでしたよね。

先生　その通りです。日常生活では見えてこない、ということは、持続性がないということでもあります。遊んでいても、いつかは日常生活に戻らないといけません。勉強したり、労働したりしなければいけません。そういう意味で私たちには特別な意味をもつ時間にずっと接し続けることはできないのです。

麻衣　うーん、人生は不条理ですね。

先生　まったくです。ところで、麻衣さんに質問なのですが、なぜ私たちは日常生活から逃れられないのでしょう？　例えば、なぜ労働をしなければならないのでしょう？

麻衣　え？　働かないと食べていけないからですよ。
先生　ふむ。なぜ食べていけないといけないのでしょうか？
麻衣　食べないと死んでしまうから、では……？
先生　その通り。
麻衣　今のやりとり必要だったんですか。
先生　もちろん必要です。私たちは生きていくために日常生活を営まなければなりません。言い換えるなら、私たちを日常生活へと拘束しているのは死に他ならないのです。死なないためには食べないといけない、食べるためには働かないといけない、働くためには就職しないといけない、就職するためには……と、こんな具合に目的と手段の関係からなる日常生活が立ち現れてきます。
　私たちは次に、この死を問題にしていきましょう。死は、私たちを日常へと惑溺《わくでき》させながら、その姿を決して現すことのないブラックホールのような存在です。だからこそ、死を理解することで私たちの日常をより根源的に理解することができるようになるはずです。

＊ジョルジュ・アルベール・モリス・ヴィクトール・バタイユ（**Georges Albert Maurice Victor Bataille**）一八九七—一九六二。フランスの哲学者。伝統的な哲学が嫌うエロスや暴力を正面からテー

マにしたことで知られる。主著に『エロティシズム』『無神学大全』などがある。また小説家としても優れた作品を残しており、その代表としては『眼球譚』などを挙げることができる。

第四章

死

先生　さて、この章では死について考えていきます。
麻衣　あああ、暗い章になりそうだ……。
先生　麻衣さん、手始めにちょっと死を定義してみてください。
麻衣　あ！　私ちょうどこの前生物の講義で勉強したところなんですよ。えーとね……心臓の停止、呼吸の停止、それから瞳孔が開いちゃうこと、この三つです。
先生　なるほど。それはいわゆる死の三徴候説という考え方ですね。最近では脳死問題に関連して新しい死の定義が議論されていたりもします。とはいえ、それはあくまでも生物学的な定義でしかありません。
麻衣　ということは、生物学的ではない死の考え方もある、っていうことですか？
先生　その通りです。死の三徴候説が指しているのは単なる肉体の状態変化でしかありません。これに対して私たちは死を存在の終わりとして定義することにします。
麻衣　んー、でもそれって生物学の定義とどう違うんですか？

先生　はい。肉体の状態が変化するということと、私たちの存在が終わるということは、私たちにとってまったく異なる意味をもっています。たとえば、肉体の状態変化としての死は、重い病気に罹《かか》るとか交通事故に遭うとかといった現実的な死因を意味しています。

しかし死にはこれとは違った側面もあります。たとえば、「死の不安」という言葉が意味しているのはそうした具体的な死因への不安ではないでしょう。むしろ、自分の存在がいつか終わりを迎え、自分がこの世界からいなくなってしまう、そうした変えようのない事実に対する漠然とした気味悪さではないでしょうか。この章で死という概念によって考えていきたいのは、私たちが抱えているそうした根源的な有限性です。これが死を存在の終わりとして定義する理由です。

麻衣　あー、先生、気分が暗くなってきた上に話が難しい……。

先生　確かに死は暗い議論になりがちですが、しかし同時に誰もが直面する避けようのない問題です。開き直っていきましょう。レッツ・フィロソフィー。

麻衣　私、時々先生についていけなくなるんですけど、どうしたらいいですか。

一　絶望による死との直面

「おしゃかしゃま」
RADWIMPS

先生　さて、私たちは先ほど死を存在の終わりとして定義したわけですが、この定義はかなり気持ち悪い矛盾を引き起こします。

麻衣　もー、いきなり気持ち悪い話から始まるんですか……。

先生　私たちはいつか必ず死んでしまいます。しかし、私たちの定義に従えば、死んだときには私たちは既に存在しなくなっています。そうであるとすれば、私たちは自分の死を体験できない、ということになります。すなわち、死は私たちの人生の最期でありながら、しかし私たちはその死を経験できないのです。

麻衣　あ、先生、質問してもいいですか？

先生　どうぞ、麻衣さん。

麻衣　先生は自分の死を経験できないって言ってましたけど、死ぬ瞬間には目の前が真っ暗になったり、「ああ、私は死んでいくのだ……」って思ったりするんじゃないですかね。それは死の経験ではないんですか？

先生　ふむ。ありえる話ですが、それ自体は死の体験ではありません。もし目の前が真っ暗になるなら、それは瞼《まぶた》の裏を見ている状態ですから、まだ視覚が機能していることになります。それに、「ああ、私は死んでいくのだ……」と思うことができるなら、それは脳がまだ活動している証拠です。ですから、そうした体験は生きている状態の体験であって、死の体験ではないのです。

麻衣　ああ、なるほど。そもそも何かを体験するっていうのは、生きていないとできないことですもんね。うわー、気持ち悪いっ！

先生　私たちの存在は私たちには経験できないものによって終わるのです。まさにこの気持ち悪さが死への不安の根源です。誰もこの不安から逃れられません。

麻衣　先生、ちょっと私テンションがもちそうにありません……。

先生　ところが、こうした死の不安を回避する方法があります。

麻衣　なんですか？　教えてください！

先生　それは、死を私たちの終わりとして捉えないこと、つまり死後の世界を想定することです。私たちの定義に従えば、それは死そのものの否定を意味します。

麻衣　ははー。でもそれって哲学っていうより宗教ですよね。

先生　その通りです。もちろん、宗教の価値は尊重されなければなりません。しかし、死＝私たちの終わりという定義をあえて維持しようとするなら、私たちは死後の世界を疑わなければなりません。それがすなわち、死を哲学的に考えることの出発点になります。

　最初にこの問題を考えていきましょう。RADWIMPSの「おしゃかしゃま」を手がかりに、この章の全体を支える基礎的な考察をしていきたいと思います。

おしゃかしゃま ——RADWIMPS

作詞 野田洋次郎

カラスが増えたから殺します
さらに猿が増えたから減らします
でもパンダは減ったから増やします
けど人類は増えても増やします

僕らはいつでも神様に
願って拝んでても　いつしか
そうさ　僕ら人類が神様に
気付いたらなってたの　何様なのさ

僕は見たことはないんだ
あちらこちらの絵画で見るんだ
さらに話で聞いてる神様は

どれもこれも人の形なんだ

偶然の一致か　運命の合致
はたまた　自分勝手スケッチ
あっちこっちそっちってどっち?
一体どうなってるんダ・ヴィンチ

来世があったって　仮に無くたって
だから何だって言うんだ
生まれ変わったって　変わらなくたって
んなこたぁどうだっていいんだ
人はいつだって　全て好き勝手
なんとかって言った連鎖の

上に立ったって　なおもてっぺんが
あるんだって言い張んだよ

〔……中略……〕

馬鹿は死なないと治らない
なら考えたって仕方がない
さぁ来世のおいらに期待大
でも待って
じゃあ現世はどうすんだい
さぁ無茶しよう　そんで苦茶しよう
二つ合わさって無茶苦茶にしよう
さぁ有耶しよう　そんで無耶しよう
二つ合わさって有耶無耶にしよう

〔……中略……〕

ならば　どうすればいい？
どこに向かえばいい
いてもいなくなっても
いけないいならば　どこに

来世があったって　仮に無くたって
だから何だって言うんだ
生まれ変わったって　変わらなくたって
んなこたぁどうだっていいんだ
天国行ったって　地獄だったって
だからなんだって言うんだ
上じゃなくたって　下じゃなくたって
横にだって道はあんだ

先生「おしゃかしゃま」はRADWIMPSが二〇〇九年に発表したアルバム「アルトコロニーの定理」に収録された楽曲です。

麻衣ラッドって、とてつもなくロマンチックな歌を作ることもあるし、そうかと思えば豹変したように攻撃的な歌を作ったりもしますよね。

先生はい。この曲ではまさにその攻撃性が前面に出ています。彼らの楽曲において特徴的なのは、ただ感情に任せて怒りを爆発させるのではなく、論理的な筋道を立てて極論をぶつけてくるところです。それは屁理屈にも見えるのですが、みんなが当然抱いている疑問を言葉にしてくれるという意味では、若者のモヤモヤを代弁しているともいえるのかも知れません。

麻衣なんか哲学科の男子ってみんなラッドを聴いてるイメージがあります。

先生確かにそうした傾向は否めないかも知れません。この曲「おしゃかしゃま」でも彼らなりの論理によって既存の価値観への疑問が突き付けられています。その相手は、ずばり、「神様」です。

麻衣スケールがデカい！

先生では麻衣さん、この曲のメッセージは具体的にはどういったものでしょうか？

麻衣うーん、なんか本当に極論って感じですよね。全体としては、「神様」なんていない、っていうことが歌われていると思うんですけど……。

先生　厳密にいえば、「いない」と断言しているわけではなさそうです。むしろ、人間を作った絶対的な権威としての「神様」を否定して、そうした「神様」を作ったのは人間の方だ、という考えが表明されています。

麻衣　「神様」が人間だけを優遇していたり、そもそも人間と同じ姿で描かれたりしているから、ってことですか。

先生　そういうことです。冒頭の詞を見てみましょう。

カラスが増えたから殺します
さらに猿が増えたから減らします
でもパンダは減ったから増やします
けど人類は増えても増やします

僕らはいつでも神様に
願って拝んでても　いつしか
そうさ　僕ら人類が神様に
気付いたらなってたの　何様なのさ

麻衣 いきなり顔面ストレートをお見舞いする、って感じですね。

先生 はい。極めてクリアな主張です。ここで念頭に置かれている「神様」がどんな神なのか、それがある特定の宗教神であるのか否かは定かではありません。ただ少なくとも世界を創造し、事物の秩序を支える最高の存在として想定されていることは間違いないようです。同時にこの「神様」は死後の世界をも保証しているようです。

麻衣 詞のなかでは「現世」と「来世」とが区別されているし、「天国」と「地獄」っていう表現もありますよね。

先生 ですから、この詞で念頭に置かれている「神様」がもつ性格は大まかに次の二つに区分することができるでしょう。第一に、「神様」は世界を創造したものであり、第二に、死後の世界を保証するものである、ということです。

麻衣 はは一ん、つまり、そういう「神様」を作ったのが人間だとしたら、人間が「神様」に作られたものでありながら同時にその「神様」を作ってもいるわけだから、矛盾しちゃうっていうことですね。

先生 その通り。「僕」が厳しく糾弾しているのはまさにこの矛盾であり、そしてこの矛盾から目を背けようとする人類の自己欺瞞《ぎまん》です。しかし、こうした「神様」を疑うということは、その神に支えられた世界をも疑う、ということを意味しています。

麻衣 事物の秩序とか、死後の世界とかですか？

先生 はい。「神様」が人間自身の自己欺瞞の産物でしかないなら、死後の世界だって人間の自己欺瞞に他なりません。従って「僕」は死後の世界に対しても不信に陥ります。次の詞を見てください。

来世があったって　仮に無くたって
だから何だって言うんだ
生まれ変わったって　変わらなくたって
んなこたぁどうだっていいんだ

麻衣 「来世」がどうでもいいって、すごいですよね……。

先生 普通に考えれば「来世」はどうでもよくありません。しかし、あらゆる偏見や先入観を排除して合理的に考えたとき、私たちは死後の世界に対して疑いをもたざるをえない、ということが「僕」の辿りついた答えです。「死」を哲学的に考えるということはまさにこの疑いから始まっていきます。

魂の不死への絶望

先生　死後の世界について少し考えてみましょう。この詞では「来世」、「天国」、「地獄」という言葉が使われています。「神様」がこれらの三つをどのように秩序づけているのかは分かりません。ただ、ともかく重要なのは、「私」は死んだ後にも何らかの形で存続するということです。
　しかし、もちろん肉体は死んでいます。麻衣さん、そうだとしたら死後に存続しているものは何だと思いますか？

麻衣　普通に考えたら、魂とかですかね？

先生　なるほど。では、そのとき魂と肉体とはどのような関係にあると思いますか？

麻衣　肉体は死ぬけど、その後も魂は生き残るわけですよね。それなら、肉体は魂の入れ物のようなもので、そこに魂が宿っている、っていうことになると思います。肉体が死ぬのは容器がダメになるだけのことで、中身の魂は死後の世界で生き続ける、っていうのはどうでしょう？

先生　極めて整合的な説明です。麻衣さんが指摘してくれた通り、死後の世界を想定することは、人間が肉体と魂との二つから成り立っているという二元論を前提にしています。その際、肉体が可死的なものであるのに対して、魂は不死であるということになります。

麻衣　でもこれだと結局「私」自身は死なないことになりますよね。

先生　その通りです。もちろん、死後の世界など存在するとも存在しないとも証明することはできませんから、これは定義の違いであるといってしまえばそれまでです。哲学の世界では、こうした証明不能の問題や考え方を形而上学と呼びます。魂の不死はもっとも代表的な形而上学の問題です。

では、麻衣さんに次の質問です。こうした信仰をもつ人が、そうであるにも拘わらず自分の死に直面することがあるとしたら、それはどういうときでしょう？

麻衣　うーん？　でも、魂の不死を信じている限りは死には直面しないわけですよね。

先生　その通りです。

麻衣　……よく分からないです。

先生　そんなに悩む必要はありません。シンプルに考えてみてください。

麻衣　えーと、じゃあ、そういう魂の不死を信じられなくなったとき？

先生　そのとーり！

麻衣　急にクイズ番組の司会者みたいになりましたね。

先生　魂の不死を信じている限り、私たちが自分の死に直面することはありません。そうである以上、私たちが死に直面し、死について思索するための条件とは、魂の不死に絶望することに他なりません。

デンマークの哲学者キルケゴール*はこうした観点から「絶望」こそが「死に至る病」であると主張しました。たとえ重い病気に罹っていたり、交通事故に遭遇したりしても、死後の世界を信じている限り私たちが自らの死に直面することはありません。逆に、この信仰に「絶望」したとき、たとえ私たちが元気でピンピンしていて、まだ何十年も寿命が残されているのだとしても、私たちは自分の死に直面せざるをえなくなります。「絶望」するということは、自分の存在がいつか消えてしまうという現実から目を逸《そ》らすことができなくなるということを意味するのです。

「おしゃかしゃま」のなかの「僕」もまたこうした意味での「絶望」を体験しているといえるでしょう。「僕」は神が人間の欺瞞の産物でしかないことに気づき、それによって死後の世界への信頼を失ってしまいます。「僕」の苦悩はここに端を発しているのです。

死を問うこと＝どう生きるかを問うこと

麻衣　でも先生、この詞だと「僕」はそれほど死そのものに苦悩しているようには見えないですけど……。どちらかというと、どうやって生きるかに悩んでいるみたい。

先生　ご指摘の通りです。そしてここに死を考えることのポイントがあります。重要なのは、私たちは「絶望」しているときにはまだ生きている、ということです。

麻衣　死んじゃったら思考すること自体ができなくなりますもんね。

先生　その通り。「絶望」は死の運命を暴露するものですが、しかしそれ自体が人を殺すことはないし、また死ぬことを勧めるものでもありません。むしろ「絶望」は私たちに死という限界を目の当たりにさせることで、死に至るまでの人生をどう生きるのか、という問いを突き付けるものでもあります。次の二ヵ所の詞を見てみましょう。

馬鹿は死なないと治らない

なら考えたって仕方がない
さぁ来世のおいらに期待大
でも待って　じゃあ現世はどうすんだい

ならば　どうすればいい？
どこに向かえばいい
いてもいなくなっても
いけないならば　どこに

先生　神に「絶望」した「僕」はここで自分が「いてもいなくなっても　いけない」という葛藤に置かれていることを感じます。

少し整理してみましょう。ここで「僕」はまず自分がいてはいけない、つまり存在してはいけないと考えています。その理由は人間が欺瞞的な存在であり、「馬鹿は死なないと治らない」からです。同時に「僕」は自分が「いなくなっても　いけない」と感じています。それは、たとえ「僕」が「馬鹿」であるのだとしても、「僕」は自分の「現世」を生きなければならないからです。

このことは、私たちの議論に引きつけていえば、次のように解釈することができるでしょう。「絶望」するとき、私たちは魂の不死を諦め、自分の存在の終わりを直視せざるをえなくなります。それが死に直面するということです。しかし、死に直面している「私」は生きています。「私」は、自分がまだ死んでいないときにしか、自分の死を考えることができません。そうである以上、自分の死を考えるということは、その死の瞬間まで続く自分の人生までをも見つめることなのです。

麻衣　うん？　ということは、死を考えるということは、どう生きるかを考えることでもある、っていうことですか？

先生　その通りです。もしかしたら、「絶望」していない人にとっては、人間がどう生きるかということは「神様」が啓示すべき事柄なのかも知れません。しかし、「僕」はその「神様」に「絶望」しているために、自分がどう生きるべきかの手がかりを見失っています。だからこそ、「ならば　どうすればいい？」という答えの返ってこない問いに苛《さいな》まれているのです。

死を考えるということは「絶望」から始まります。しかしそれは同時に有限な人生をどう生きるのかという問いへと私たちを導くものでもあります。これはこの章全体の出発点となる洞察であるといえるでしょう。

＊セーレン・オービエ・キルケゴール（Søren Aabye Kierkegaard）一八一三―一八五五。デンマークの哲学者。七人兄弟の末っ子として生まれるも、長男と自分を除く五人が三四歳までに死亡。そうした家庭環境に北欧独特の風土も相まって、死に重きを置く独創的な哲学を展開し、今日では実存主義の先駆けとして評価されている。主著に『死に至る病』『あれか、これか』などがある。

死が照らし出す大切なもの

「Dearest」

浜崎あゆみ

先生　死を考えるということは「絶望」から始まります。それは死を「私」の終わりとして受け入れる、ということです。しかし、そのように死について考えるということは、同時にどう生きるかを考えることでもある。それが私たちの出発点でした。

麻衣　うーん、でもちょっと共感できないんですよねー。

先生　ふむ、なぜでしょう？

麻衣　だって、普通に生活しているときに自分の死のことなんて滅多に考えないですよね？　就活どうしようとか、結婚相手どうしようとか、そういう風に自分の生き方を考えることはあっても、どうやって死のうとか考えることはないと思うんです。

先生　もっともな指摘です。麻衣さんが言う通り、私たちが日常生活で自分の死について考えることはほとんどありません。というのも、死は生活のなかで目につかないように徹底的に隠されているからです。

麻衣　死が隠されている？　どういうことですか？

先生　そのままの意味です。たとえば、現代社会において道端に人間の死体が転がっているようなことはまずありません。動物の死体ですら滅多にお目にかかれないでしょう。そうした死体はすぐに保健所によって処理されてしまいます。人間の死に関しても同様です。最近は病院で最期を迎えるケースが多くなったため、近親者の死に立ち会う機会もめっきり減ってしまいました。
公衆衛生が管理され、医療が飛躍的に進歩した今日では、死という現象はますます縁遠いものになっています。死について考える機会がほとんどないのだとしても不思議ではありません。

麻衣　なるほど。確かに、これが戦争の真っ最中であったりしたら、もっと死について考えるんだろうなぁ。

先生　そうかも知れませんね。もちろん戦争は避けるべきことですが、だからといって死を考える機会が奪われているということは必ずしも良いことばかりではありません。死を考えるということは、生き方を考えることでもあるからです。
日常生活において死が顧みられないということは、反対側から考えれば、死を考えるということが非日常的なことである、ということでもあります。それは滅多に起こらないことであり、例外的なことであり、日常生活を変容させる出来事です。次に、死に直面するということが「私」の生き方をどう変えるかという観点から、死について考えてみましょう。取り上げるのは、浜崎あゆみの「Dearest」です。

麻衣　おおお、とうとうあゆが来ましたね！

Dearest ――浜崎あゆみ

作詞　浜崎あゆみ

本当に大切なもの以外
全て捨ててしまえたら
いいのにね
現実はただ残酷で
そんな時いつだって
目を閉じれば
笑ってる君がいる
Ah- いつか永遠の
眠りにつく日まで

どうかその笑顔が
絶え間なくある様に
人間《ヒト》は皆悲しいかな
忘れゆく　生き物だけど
愛すべきもののため
愛をくれるもののため
できること

〔……中略……〕

Ａｈ－いつか永遠の
眠りにつく日まで
どうかその笑顔が
絶え間なくある様に

Ａｈ－出会ったあの頃は
全てが不器用で
遠まわりしたけど
辿りついたんだね

先生「Dearest」は二〇〇一年に浜崎あゆみが発表した二四枚目のシングル曲です。
麻衣二四枚目……。流石、ものすごい数ですね。
先生はい。ただし、彼女は単に数撃ちゃ当たるの精神で曲を連発していたわけではありません。特にこの時期は一曲一曲が人々の記憶に残るヒット曲になっています。

彼女にはアーティストとしての様々なオリジナリティがあるのですが、その中でもっとも注目に値するのが、独特な詞の重さです。
麻衣確かにあゆの詞はズーンときます。
先生彼女の詞にはしばしば死のモチーフが現れてきます。それも、RADWIMPS のように主題的に死を描くというのではなく、一見ただのラブソングにしか見えない曲の背後に、ぼんやりと死の影を漂わせるのです。その典型がこの「Dearest」であるといえるでしょう。

では麻衣さん、この曲の全体的なメッセージはどのようなものでしょう?
麻衣えーと、二つの情景が対比されていると思います。一つは「現実」ですね。そこでは人は忘れっぽくて、何かこう生活に急いでいて、それは全体としてネガティブなものとして描かれています。で、それに対抗するような情景として「君」の笑顔を思い浮かべている場面が描かれています。こちらでは「現実」

先生　を超えたような幸福な雰囲気が漂っていますね。
ふむ。いいと思います。この曲が表現しているのは、まさに「現実」を超えていく「君」への想いに他なりません。では、その「現実」とはどのようなものか。まずは次の二ヵ所の詞を見てみましょう。

本当に大切なもの以外
全て捨ててしまえたら
いいのにね
現実はただ残酷で

人間《ヒト》は皆悲しいかな
忘れゆく　生き物だけど

先生　「現実」を生きている「私」は「本当に大切なもの以外　全て捨ててしまえたら　いいのに」と嘆いています。それは、言い換えるなら、「現実」においては大切ではないものまで抱えてしまっている、あるいは抱えざるをえないということです。また他方で、人間は「忘れゆく　生き物」であるとも語られます。ここでは、さっきとは逆に、「本当に大切なもの」さえも忘れていってしまう人間の悲しさが描かれているのかも知れません。

麻衣 うーむ、いかにも浜崎あゆみっぽい世界観ですね。

先生 はい。彼女の曲の多くはこうした無常観に包まれています。しかし、麻衣さんが指摘してくれたように、この曲ではこの「現実」が次のように乗り越えられていきます。

そんな時いつだって
目を閉じれば
笑ってる君がいる

Ahー いつか永遠の
眠りにつく日まで
どうかその笑顔が
絶え間なくある様に

麻衣 言葉を失うほどロマンチックですよね。

先生　注目すべき点は、ただ「君」の笑顔が願われているだけではなく、「いつか永遠の　眠りにつく日まで」と強調されている、ということです。麻衣さんが言う通り、このシーンは極めて幸福な情景として描かれています。しかし同時にそこには明らかに死の影が透けて見えていますね。

麻衣　あ、先生、質問なんですけど。

先生　なんでしょう。

麻衣　ここで言われている「永遠の眠り」って一体誰の死を指しているんですかね？　自分なのか、それとも「君」なのか、どっちでしょう？

先生　うーむ、これは判断が難しいところです。読もうと思えばどちらにも読むことができます。というより恐らくこれは両者を指しているのではないでしょうか。自分の「永遠の眠り」でもあり、同時にまた「君」の「永遠の眠り」でもある、と解釈できそうです。

　ここに表現されている浜崎あゆみの世界観を簡潔に述べるなら、次のようになるでしょう。私たちは「現実」においては「本当に大切なもの」を見失っています。しかし「私」はそうした「現実」を超えて「君」との幸福な空間へと至ることもできます。ただしその空間には「永遠の眠り」という死の影が濃厚に充満しているのです。これは何を意味しているのでしょうか？　もう少し突き詰めて考えてみましょう。

日常生活における死の忘却

先生　「Dearest」において描かれている「現実」は、私たちの議論に引きつけていえば、日常生活そのものであるといえるでしょう。そう考えれば「現実」が「本当に大切なもの」を見失わせるということは、前の章で議論した日常生活における現在の無意味化と同じであるといえます。麻衣さん、どういう話でしたっけ？

麻衣　えーと、えーと、つまり私たちの日常生活は基本的に目的と手段の関係に支配されていて、現在は未来を目的とする手段になる。でも、手段は少なければ少ないほど、無ければ無いほどいいものだから、それは無意味でしかない。だから、日常生活において現在は常に無意味なものになってしまう。……っていう話でした！

先生　素晴らしい。よく覚えていますね。

麻衣　へっへっへ。

先生　日常生活において私たちは「本当に大切なもの」を見失い、目の前の無意味な雑事に取り掛からなければなりません。受験勉強をしたり、就職活動をしたり、労働したりしなければなりません。もちろん、たとえば就職活動をして志望する企業に就職することは重要かも知れません。しかし、そのとき重要なのは就職するという目的であって就職活動という手段ではありません。山のようなエントリーシートを書き、無個性なリクルートスーツに毎日身を包むことは、私たちの「本当に大切なもの」から明らかにかけ離れています。

ドイツの哲学者ハイデガー*はこうした観点から私たちの日常生活を「非本来性」として性格づけました。日常生活を生きているとき、私たちは自分自身の本来の生き方から目を逸らし、何も考えなくなってしまっている、ということです。

麻衣　それってつまり、就職活動をすることは私の人生にとって何の意味もないから、それは私にとって非本来的なものである、っていうことですか？

先生　微妙なところなのですが、少し違います。就職活動が無意味であるのは由々しき事態ですが、問題なのは、それが自分の本来の生き方にふさわしいかどうかをそもそも考えて<u>い</u><u>な</u><u>い</u>、ということなのです。どうせ無意味だと思いながら就職活動をすることと、無意味であるか否かをそもそも考えないまま就職活動をすることは違います。後者こそが「非本来性」であり、そして私たちの日常生活の大部分なのです。

麻衣 うーん、確かに……。普通に生活していて、これが私の人生に何の意味があるんだ？　なんていちいち考えないですもんね。

先生 そしてこのことは、日常生活において死が覆い隠されていることと密接に関係します。普通に生活しているとき、私たちはこの生活がいつまでも繰り返すものだと思っています。そのとき死はずっと遠い未来の出来事でしかなくて、無限に先延ばしにされ、決して視界に入ることがありません。

麻衣 でも先生、確かにそうかも知れませんけど、いちいち自分がいつ死ぬかを考えていたら日常生活なんてできないですよ。

先生 もちろんその通りです。日常生活において死は忘れられなければなりません。もし日常生活のあらゆる場面で死の危険を考えていたら、スーパーで買い物をすることさえ安心して行えなくなるでしょう。ですからそれはある意味では仕方のないことです。しかし、先ほど指摘した通り、死について考えることはどう生きるかを考えることでもありました。そうである以上、死を忘れることはどう生きるかを忘れることでもあります。

麻衣 ははん、そう繋がってくるわけですか。

もし明日死ぬとしたら？

先生　逆にいえば、死について考えるということはあくまでも日常生活の外部にあるもの、すなわち非日常的なものです。それは目の前で繰り返される「現実」を一瞬停止させ、私たちを立ち止まらせる力をもっています。

麻衣　はい！　先生、反論っ！

先生　どうぞ、麻衣さん。

麻衣　先生は死について考えれば日常生活が停止するって言いますけど、でもたとえば、私が「ああ私は八〇歳くらいで死ぬのかもなー」と思ったとしても、それで日常生活が停止するとは思えないのですがっ！

先生　ふむ。もっともな指摘ですね。ですが、自分の寿命をそんなに先に設定している時点で、麻衣さんはまだ死を正面から考えているとはいえません。

麻衣　んー、どういうことですか？

先生　ちょっと思考実験をしてみましょう。たとえば麻衣さんが……

麻衣　あ、先生、ストップ、ストップ！

先生　どうしたんですか？

麻衣　いや、私を例に使うのは良いんですけど、できれば優しい感じの例え話にして欲しいです。話題が話題なので。

先生　なるほど。分かりました。任せてください。

麻衣　あれ、随分物分かりがいいですね。よかったです。

先生　たとえば麻衣さんがお腹に優しいヨーグルトを食べ過ぎてしまったために明日絶対に死ぬことになったとしましょう。

麻衣　……先生、優しさを誤解しています。絶対に。

先生　助かる見込みはありません。麻衣さんは明日自分が死ぬということをはっきりと自覚しています。さて、残された最後の一日をどう過ごしますか？

麻衣　えー……。急に聞かれても分からないですよ。

先生　そう言わずに考えてください。

麻衣　……いやぁ、私、何してるんだろう……。むしろ、最後の一日に何をするかを考え込んで一日が終わってしまう気がします……。

先生　残り一日しかないのに答えが出てこないのですか？

麻衣　うーん……。

先生　ほらほら、早く早く。

麻衣　もう！　いじわるしないでください！

先生　おっと、すみません。結構ですよ。怒らないでください。

いま麻衣さんはすぐには答えられなかったわけですが、ある意味でそれは自然な反応です。なぜなら、残された一日をどう過ごすかということは、いまの自分にとって「本当に大切なもの」が何であるかという問いに直面することに他ならないからです。

もし明日死ぬことになったとしたら、私たちはきっと受験勉強や就職活動や労働をしたりはしないでしょう。大切な人と会ったり、自分の人生を振り返ったり、誰かに手紙を書いたりするはずです。あるいは麻衣さんのように、自分は最後の瞬間をどう生きるべきか考え込むはずです。そのとき、目的と手段に支配された日常生活は停止し、私たちは自分自身の本来の生き方を問うことになります。

私たちは、明日に限らず、いついかなるときであっても死ぬ可能性をもっています。可能性の次元で考えれば、私たちはいまこの瞬間にでも死ぬかも知れません。「もし明日死ぬことになったら？」という思考実験は、こうした意味で死に直面することの擬似体験のようなものです。その時初めて自分本来の生き方が何であるかを問うことが可能になるのです。

ハイデガーは、死に直面することで明らかになる自分自身の本来の生き方を

「本来性」と呼び、この「本来性」を自覚することを「先駆的覚悟性」と呼びました。

麻衣　センクテキカクゴセイ……。すごい難しい言葉ですね。

先生　ハイデガーはそうした独特な言葉遣いをする哲学者でした。私たちの日常生活は究極的には死の先延ばしを目的にしています。これに対して、もし明日死ぬとしたら何をするか？　という思考実験は、死を「先駆的」に、言い換えるなら前もって、「覚悟」することを意味しています。それが「先駆的覚悟性」です。それによって日常生活における目的と手段の関係は瓦解し、「本当に大切なもの」への問いが露《あら》わになってくるのです。
　こうしたハイデガーの思想を念頭に置けば、「Dearest」において描かれる浜崎あゆみの世界観は、まさに「先駆的覚悟性」によって「非本来性」から「本来性」へと至る物語であるといえるでしょう。
　「私」にとって「本当に大切なもの」は「君」の笑顔に他なりません。しかし、その笑顔を慈しむ想いは「いつか永遠の　眠りにつく日まで」という死への意識を伴います。ここで彼女が直面しているのは、「君」と過ごす時間はずっと繰り返されるものではなく、いつか終わってしまう有限なものである、という事実です。その有限な時間のなかで、「私」が本当に望むものは何なのか。それに対する彼女の答えが、「どうかその笑顔が、絶え間なくある様に」という願いに他ならないのです。

「私」の死と他者の死

先生　麻衣さん、何やら元気がないですが、もしかしてヨーグルトの件で怒っているのですか？

麻衣　別に怒ってないですよ。ふん。

先生　まったく悪気はなかったので許してください。死の問題を自分自身のこととして考えるのはとても難しいですから、あのような思考実験がどうしても必要だったのです。

麻衣　まぁ、それは分かりましたよ。でも、ちょっと疑問に思ったんですけど、「Dearest」では「私」の死だけではなくて「君」の死にも話が及んでいるんですよね。この二つって同じレベルで考えていいんですか？

先生　ふむ、素晴らしい質問です。まず前提として、死はすべての人間に訪れるものです。しかし、「私」の死と他者の死との間に大きな違いがあるのも事実です。それは、「私」には自分の死を経験することができないのに対して、他者が自分より先に死んでいくことは経験できる、ということです。

麻衣　他者と死別するっていうことですか。

先生　その通り。これを次のテーマにしましょう。すなわち、死んでしまった他者に対して私たちは何ができるのか、あるいは他者の死と接するということが私たちに何を意味しているのか、ということです。

＊マルティン・ハイデガー（**Martin Heidegger**）一八八九―一九七六。ドイツの哲学者。二十世紀の巨人と評価されるほど、現代の哲学に多大な影響を与えた。また、主著『存在と時間』は「三大難解哲学書」の一つに数えられている。ちなみに政治思想家のハンナ・アーレントと恋愛関係にあったことでも有名であり、当時のラブレターまで公開されている（ちょっとカワイソウ）。

三　他者の死を引き受けること

「A new one for all, All for the new one」

ONE OK ROCK

先生　この章の最後のテーマは他者の死についてです。

麻衣　最後になってガツーンと重そうですね。

先生　先ほども指摘した通り、日常生活において死は覆い隠されています。それは他者の死に関しても同様です。私たちは普通に生活する限りまったく他者の死に遭遇することがありません。

麻衣　あ、先生、質問してもいいですか？

先生　どうぞ麻衣さん。

麻衣　でも、テレビのニュースでは毎日のように人の死が報道されていますよね。遠い国の紛争とか、交通事故とか。それは日常生活のなかの他者の死ではないんですか？

先生　ふむ。鋭い指摘ですね。確かに今日も世界では多くの人々が死んでいきます。今この瞬間にも誰かが息を引き取っているはずで、その中のほんの一部がニュースとして報道されているわけです。しかし、そうしたニュースを見たからといって、私たちが他者の死に直面しているかといえば、必ずしもそうではありません。なぜなら、そうした無数の匿名的な他者の死は私たちにとってあまりにも抽象的すぎるからです。

麻衣　えー、抽象的ってどういうことですか？

先生　たとえば、交通事故で十人が死んだというニュースが報道されたとしましょう。私たちはそのニュースに胸を痛めるかも知れませんし、強い憤りを覚えるかも知れません。しかし、そこで亡くなった十人の死すべてに思いを馳せることなどできません。いちいちそんなことをしていたら精神がもたないからです。そのため、たとえこの世界で毎日人が死んでいるのだとしても、私たちにとってその現実はあまりに抽象的であり、そこに死の重みを感じることはできないのです。

麻衣　うーん、まぁ確かにそれはそうですよね……。

先生　従って、他者の死について考察していこうとする私たちにとっては、どんな他者の死に注目するかが重要になってきます。決して抽象的ではなく、私たちに死の重みを実感させ、私たちの存在を揺さぶるような他者の死を選ばなければなりません。結論から言えば、それは「私」と深い関係を結んでいた他者の死、大切な人の死に他なりません。

　以下では、大切な人の死を残された者がどう受け入れるのかという観点から、他者の死について考察していきましょう。取り上げるのは、ONE OK ROCKの「A new one for all, All for the new one」です。

A new one for all, All for the new one

——ONE OK ROCK

作詞 Taka

この世に生を授かったモノ
この世で息絶えていったモノ
ふたつはひとつさ

あなたは光となったの？
あなたの光を浴びているの？

繰り返される出来事の中の
ひとつと思うには
まだまだ時間がかかりそう

そんなルールブックの上で
僕らは生きてるから
どんな悲しみにも涙を流すんだね

We all knew that you'd be nowhere
when we are born
How can we see your face elsewhere?
now we are torn
You will be waiting for us there?

あなたが標した道しるべ
小石は僕が拾って歩くの！

〔……中略……〕

さよならは言わないよ
近くにいると信じているから

先生　この曲はONE OK ROCKがメジャーデビュー後に初めて発表した二〇〇七年のアルバム「ゼイタクビョウ」に収められた楽曲です。彼らは日本で人気を博しているだけでなく、海外でも評価されていることで知られています。

麻衣　もはや世界のワンオクですよね。詞が英語の歌もいっぱいありますし。

先生　彼らの楽曲は攻撃的で挑発的なスタイルを基調としています。しかし同時にその奥底で訴えられているのは、未熟で不完全であってもいいから、自分らしく生きていくことへの力強い肯定です。彼らの歌は本質的に若者への励ましの歌であるといえるでしょう。

麻衣　でも、そういう作風に比べると、この曲はちょっと雰囲気が違いますよね？

先生　はい。この曲は彼らにしては珍しく静謐《せいひつ》な印象を与えます。麻衣さんにはこの曲はどのように感じられましたか？

麻衣　うーん……。全部が理解できるわけではないんですけど、多分「あなた」と呼ばれている人は死んでいるんだと思います。「僕」は「あなた」が死んだあとに「あなた」のことを思い出していて、色々と難しいことを考えて、なんとかその死に納得しようとしている……っていう感じですかね？

先生　なるほど。色々と難しいこととは、具体的にはどういうことでしょうか？

麻衣　たとえば、次の詞です。

繰り返される出来事の中のひとつと思うには
まだまだ時間がかかりそう
そんなルールブックの上で僕らは生きてるから
どんな悲しみにも涙を流すんだね

麻衣　なんとなく分かりそうな気がするんですけど、ちゃんと説明することはできないです。なんか、喉の奥に小骨が引っかかる感じ。

先生　なるほど。麻衣さんが指摘してくれた通り、この詞は極めて難解です。もしかしたらこの本で取り上げている楽曲のなかでもっとも難解かも知れません。

麻衣　うげ……そんなに難しいのですか……。

先生　しかし、大筋として麻衣さんの読みは間違っていません。「僕」は「あなた」に先立たれ、その死の悲しみに打ちひしがれています。しかし「僕」は「あなた」が死んだあとも生きていかなければなりません。この曲で描かれているのは、そんな「僕」がなんとか気持ちに整理をつけて前を向こうとする様子です。そのために「僕」は壮大なロジックを持ち出し、世界の成り立ちにまで考えを深めていきます。このことは見方を変えれば、他者の死を受け入れるためにはこの世界全体のあり方にまで思索を向けなければならない、ということでもあります。

大切な人の死が問いかけること

先生　少し復習しておきましょう。日常生活において死は覆い隠され、まるで同じことがずっと繰り返しているかのような様子を見せています。

麻衣　そしてそれは、自分がどう生きるべきかを考えることも覆い隠しちゃうんですよね。

先生　その通り。この日常生活を停止させ、死を直視する疑似体験として、私たちは「もし明日死ぬとしたら？」という思考実験を提示しました。

死別もまた日常生活の繰り返しを停止させる力をもっています。それは、死んでしまった他者が「私」にとって重要な人物であれば、たとえば家族や恋人のような人物であれば、いっそう深刻です。

大切な人が亡くなったとき、私たちは日常生活の大事な部分が欠けてしまったことを実感します。たとえば家族が亡くなれば家ががらんと広くなってしまうのを感じます。ずっとそこに住んでいた家のはずなのに、なんだかよそよそしく、大切な何かが欠落した空間のように感じます。こうした状況のなかでは日常を再開させることは困難です。仮に日常生活を営もうとしても、避けがたく「あの人がいない」という欠落感に苛まれることになるからです。

それでも残された者は生きなければなりません。日常生活を再開させなければなりません。そのためには、死んでしまった人がそこにいなくても動き出せるよう、日常生活を新しく作り変えていく必要があります。端的に言えば、それが他者の死を受け入れるということです。

麻衣　大切な人を失った後で立ち直るのって、本当に時間がかかりますもんね……。

先生　はい。そして、死別の悲しみから再起するためには、残された者が自分のなかで他者の死に対して意味付けをしなければなりません。それはその死に対して何らかの態度をとることを迫られる、ということです。私たちは、他者の死をどう捉えるのか、そしてその死の後で「私」がどう生きていくのかを考え、自らに問いかけなければならなくなります。次の詞を見てみましょう。

あなたは光となったの？
あなたの光を浴びているの？

先生　ここで「僕」は「あなた」の死を「光となった」と解釈し、ここから「僕」が「あなたの光を浴びている」という考えを導き出します。ここには「あなた」の死に対する「僕」の態度が示されています。

麻衣　でも先生、私にはあまり自信はないみたいに見えます。ハテナマークついてますし。

先生　それは見逃すことのできないポイントですね。ここで「僕」は死んでしまった「あなた」に話しかけているように見えます。話しかけている以上、「僕」にとって「あなた」はまだ完全に死んだ存在ではありません。「僕」は、一方においては「あなた」の死を受け入れようとしながら、しかし他方で心のどこかで「あなた」の死を受け入れることができないでいるのです。ここにはそうした微妙な心理の揺れが表現されています。

死後の人生の他有化

先生　繰り返しになりますが、私たちの定義では、死とは存在の終わりを意味していました。

ここからもう少し考察を深めていきましょう。存在の終わりということは、

麻衣　もうそれ以上先がない、ということです。

先生　死を考察することは不死への「絶望」から始まるんですもんね。
はい。そして、それ以上先がないということは、新しい可能性をすべて失ってしまうということを意味しています。

麻衣　えーと、新しい可能性を失うっていうのは、どういうことですか？

先生　そうですね、たとえば、麻衣さんには嫌いな食べ物はありますか？

麻衣　うーん……辛いものは全般的に苦手ですね。激辛料理とか。

先生　なるほど。では、麻衣さんはいま「激辛料理が嫌いな麻衣さん」として存在しているわけです。それは麻衣さんの本質を表す一つの性格です。

麻衣　あまりにどうでもいい本質ですね。

先生　しかし、麻衣さんはいつか何かのきっかけで辛いものが大好きになるかも知れません。たとえば九九歳まで今と同じように辛いものが嫌いだったのに、百歳を迎えた誕生日に突如として味覚が変容し、辛いものが好きになって、むしろ激辛料理しか食べないお婆さんになるかも知れません。

麻衣　どんな百歳ですか。

先生　一言で表すなら、それが私たちの可能性です。私たちは生きている限りは自分自身を変化させる可能性をもっています。たとえ九九歳になったとしても、生きてさえいれば私たちの本質に最終的な決定は下されません。たとえば麻衣さんが九九歳で亡くなってしまえば、辛いものが嫌いであるという麻衣さんの性格はもはや変更不能になってしまいます。

しかし、死んでしまえばすべての可能性が失われます。

麻衣　死んじゃったらもう何も食べられないですもんね。

先生　可哀想な麻衣ばあちゃん。

麻衣　誰が麻衣ばあちゃんですか。

先生　言い換えるなら、私たちの人生は死ぬことによって二度と変わらないものとして確定されてしまう、ということです。私たちの人生がどんな物語だったのか、どんな価値観で、何を大切にして生きてきたのかは、死ぬことによって最終的に決定されます。

ただし、たとえ死が人生を確定するのだとしても、死んでしまった「私」には自分の人生を意味づけることはできません。たとえば、九九歳で死んでしまった麻衣ばあちゃんが「辛いものが嫌いだったけど、明るくて優しくて、でも時々厳しいツッコミをする人」だったとしましょう。しかし、麻衣さん自身にはもはやそうした評価をすることができません。

麻衣　その時私はもう死んでしまっているから、ということですか？

先生　その通りです。私たちは死によって終わりを迎えるのであり、しかし死んだときにはもう存在していません。そうである以上、私たちには自分で自分の完結した人生を評価することができないのです。それを引き受けることができるのは他者だけです。つまり、生き残っていて、残されている者たちだけなのです。

フランスの哲学者サルトル*は、死が私たちの人生を最終的に確定するものでありながらも、確定された人生を意味づけるのは残された他者たちである、と考えました。私たちは大切な人を亡くしたとき、その人生を思い出し、故人の記憶に思いを馳せます。そうした追憶によって故人の人生は初めて意味づけられるのです。サルトルはこうした意味付けを「他有化」と呼びます。

麻衣　「他有化」……。自分の人生が他者にもたれる、っていうことですか。

先生　そういうことです。故人を追憶し、その死を受け入れようとすることは、故人の死を引き受け、担い、自分の胸に抱きながら生きていくということを意味しています。詞のなかでは、たとえば次の部分でその感覚が描かれていますね。

あなたが標した道しるべ
小石は僕が拾って歩くの！

先生　ここで「僕」は「あなた」の死を単に悲しんでいるのではなく、「あなたが標した道しるべ」、つまり「あなた」が歩んでいった人生の意味に思いを馳せています。その上で、それを継承していこうとする意志が表明されているようです。「小石は僕が拾って歩く」という表現には、そうした「あなた」の足跡を受け継いでいこうとする「僕」の想いが示されています。

死んでいった他者の人生を有意味なものにすることができるのは、言い換えるなら、その人生が決して無駄ではなかったことにできるのは、残された者たちだけです。それが他者の死を引き受けるということに他なりません。

人生への問いへ

先生　さて、最後に先ほど麻衣さんが疑問点として提起してくれた箇所をもう一度引用してみましょう。

繰り返される出来事の中のひとつと思うには
まだまだ時間がかかりそう

そんなルールブックの上で僕らは生きてるから
どんな悲しみにも涙を流すんだね

麻衣　私が分からなかったところだ。
先生　麻衣さんに質問ですが、なぜ「僕」には「あなた」の死を「繰り返される出来事の中のひとつと思う」ことが簡単にはできないのでしょうか？
麻衣　うーん……。「繰り返される出来事」って、要するに最初に先生が言ってた無数の匿名的な死のことですよね？　今日も沢山の人が死んでいる、っていう……。
先生　はい、その解釈で間違いないと思います。
麻衣　つまり、「僕」にとって「あなた」はかけがえのないたった一人の大切な人なわけでしょう。かけがえがないっていうことは、この世界で「繰り返される」ようなありふれた出来事ではない、っていうことだと思うんです。そこが違うんじゃないですかね。
先生　しかし、同時に「僕」は死を「ルールブック」に喩《たと》えています。「ルールブック」である以上、それは「あなた」の死にも無数の匿名的な死にも等しく当てはまるものでなければなりません。その意味では「あなた」の死も無数の匿名的な死も等価であるということになります。

麻衣　まぁ、誰だっていつかは死んでしまいますもんね。

先生　その通り。そして、「僕」はここから次のような洞察に至っています。つまり、「あなた」の死は「私」にとってかけがえのないものであり、その意味において「僕」と関係がない無数の匿名的な死から区別されます。しかし、「あなた」の死もそうした無数の匿名的な死も等しく「ルールブック」の上に成り立っているものです。そうであるとすれば、「あなた」以外の死者たちもまた、「私」にとっての「あなた」と同じように、誰かにとってかけがえのない個人であり、たった一人の大切な人であったはずです。「どんな悲しみにも涙を流す」という言葉が意味しているのは、そうした死生観の変化です。

麻衣　つまり、大切な人を失うことによって、逆に今まで無関心だった人々の死も大切に思えてくる、っていうことですか？

先生　はい。そうした意味で、「僕」にとって「あなた」の死は、そもそも死とは何か、という根源的な死生観までをも揺さぶる出来事だったのでしょう。
　さて、この章では死について考えてきたわけですが、麻衣さん、いかがでしたか？

麻衣　そうですねぇ……。ヘビーだったのは確かなんですけど、でも必ずしも暗いだ

先生　けじゃないんだな、って思いました。

振り返ってみれば、この章ではまず死を考えるための前提として「絶望」を提示し、次いで日常生活のなかでは死が隠されているという事態を指摘しました。これに対して自分の人生が有限だという覚悟をもつことによって、自分自身の本来あるべき生き方を思索することが初めて可能になります。私たちの人生は死によって最終的に確定されてしまいますが、しかし死ぬその瞬間まで、私たちには何度でも自分自身を変えていく可能性が開かれています。

　ここから私たちは最後の問いに進んでいくことにしましょう。すなわち、私たちは人生をどう生きるべきなのか、という問いです。

麻衣　おおお、いよいよ最後の章ですね！

＊ジャン＝ポール・シャルル・エマール・サルトル（**Jean-Paul Charles Aymard Sartre**）一九〇五―一九八〇。フランスの哲学者。精神分析、フッサール、ハイデガーの思想から強い影響を受けながら独自の哲学を作り上げていった。また、社会運動に積極的に関わっていたことでも知られている。小説家・劇作家としても活動し、一級の作品を残した。主著に『存在と無』があり、小説としては『嘔吐』が有名。

第五章 人生

先生　最後の章では人生をテーマにします。

麻衣　あーあ、先生と対話できるのもこれが最後か……。

先生　私たちはどう生きていくべきなのか。それが、この章の全体を貫く問いです。

麻衣　長いようであっという間でしたね。思い返せば……

先生　そしてこの章では、今まで議論してきた四つの章のすべてが……

麻衣　ちょっと、先生！

先生　は、はい。なんですか、急に大きな声を出して。

麻衣　ひとが寂しがっているのに無視ですか。

先生　あ、失礼しました。話すことに夢中で全然聞いてませんでした。

麻衣　もう……。いいですよ。で、今までの章がどうしたんですか？

先生　はい。この章は、第一章から第四章までのすべての議論と接点をもっています。その意味では私たちの考察の総決算ともいうべき議論が展開されていくことになります。

麻衣　確かに、私たちはいつでも人生の中で生きているわけだから、どんな問題だって人生と関わってきますもんね。

先生　その通りです。そうであるからこそ、私たちは人生を考える際には格別の慎重さをもって考察していく必要があります。
では、最後の章をはじめましょう。

日常生活の息苦しさと
人生の不確かさ

「Believe」

嵐

先生　さて麻衣さん。第三章と第四章では日常生活について議論しました。覚えていますか?

麻衣　もちろん覚えています。日常生活とは目的と手段の連関に支配されたものである、っていうことですよね!

先生　素晴らしい記憶力です。

麻衣　先生同じ質問ばっかりするから。で、第三章では私たちが生きている本来の時間を見失わせるものとして、第四章では死を覆い隠すものとして取り上げられていました。どちらもネガティブなものとして議論されてましたよね。

先生　その通りです。もう少し細かく言うと、日常生活は私たちを目の前の雑事へと向かわせることで本質的な事柄を見えなくさせるものとして言及されました。それに対して、私たちが考察してきたのは日常生活を超えるような様々な出来事であり、つまり非日常的なことでしたよね。

いうまでもなく、非日常的なことは長続きしません。もし長続きしてしまうなら、非日常自体が日常に変わってしまいます。ですから、非日常的な体験をするのだとしても、いつかはまた日常に帰っていかなければなりません。そして、いうまでもなく私たちの人生のほとんどは日常によって構成されています。

麻衣　まぁ、ちゃんと生きていくためにはちゃんとした日常生活を送らないといけないですもんね。

先生　その通りです。従って、日常生活を分析することが人生を考えるための最初の手がかりになるはずです。日常生活において私たちは目の前の雑事に取り掛からなければなりませんが、そのことは私たちの人生においてどんな意味をもっているのか、そしてそれがネガティブな力をもつのだとすれば、その力は何に由来するのか。これをこの章の最初のテーマにしましょう。取り上げるのは、嵐の「Believe」です。

麻衣　嵐で日常生活の分析……うーむ、どんな話になるのか、想像もできません。

Believe ——嵐

作詞 100＋　Rap 櫻井翔

It's a brand new world

どこまで行っても　追い越せない
時が流れていっても　消えはしない
さあ　どこまで行ったら　辿り着くの？
遠い日の記憶

夜明ける頃　空見れば　輝いていた
It's a brand new world
夢で見た　星一つ　見つめてる
繰り返すまま　重ねた日々に

なくした夢も　取り戻すから
嘘偽りの　世界はいらない
この手でつかめる

そう　僕らはずっと待ってる
いつまでだって待ってる
どこまでも続いてゆく道で
心にずっと抱いてる
この夢きっと叶うはず
泣いて笑って　進んでゆく

〔……中略……〕

一体何をしているんだろう
一体何を見ているんだろう
一体何に生きているんだろう
〝僕はもう…〟　嗚呼もう
走馬灯のよう
小さいプライド守るため
誰かを不意に傷付ける
昨日も今日も今日もそうだろうが
今日は今日でどうかしよう

〔……中略……〕

そう　僕らはずっと待ってる
いつまでだって待ってる
どこまでも続いてゆく道で

心にずっと抱いてる
この夢きっと叶うはず
泣いて笑って　進んでゆく
誰かがきっと待ってる
伝えたくって待ってる
どこまでも続いてゆく道で
明日に向かって輝く
この夢ずっと追いかける
声をからして　進んでゆく

This is the movement,
Looking for my life, I can find myself
This is the movement,
Looking for my life, I can find myself
This is the movement

先生「Believe」は嵐の二五枚目のシングル曲です。今や国民的アイドルとしての地位を不動のものとしている嵐ですが、彼らの曲のなかでも屈指の人気曲です。

麻衣むしろ、嵐を知らなくてもこの曲は知っているだろ、くらいの勢いですよね。

先生そうかも知れませんね。では麻衣さん、この曲はどんなメッセージを訴えていますか？

麻衣ふーむ。なかなか摑みにくいですよね……。

先生はい。この曲は五人で歌うように書かれているので、今までの詞に比べると少し読み辛いかも知れません。

麻衣まぁ、とはいえ、大まかには人生を応援する歌だと思いますね。生きていれば目標を見失うこともあるけれど、めげずに前向いて進んでいこうぜ！　っていう。

先生ふむ。確かに、全体を通して前進することを勇気づけていますね。しかし、ただポジティブなだけの歌でもなさそうです。

麻衣そう言われると、ちょっとネガティブな要素も入っているような気がしますね。

先生たとえばどんなところですか？

麻衣前に進んでいくことを応援してはいるんですけど、でもどこ、、に向かって進めばいいのかは分かっていないみたいに思えます。目標は漠然としているけれど、それでも進んでいくんだぜ、っていう感じですね。

先生　なるほど。しかし、それはかなり不条理な要求にも思えませんか?

麻衣　確かに……なんというか、何かに駆り立てられているような焦燥みたいなものも感じますね。

先生　ふむ。私も同様の感想です。しかも心のどこかでは、自分はどこにも辿り着けないのではないか、という諦めの匂いも漂っています。たとえば、冒頭の部分です。

どこまで行っても　追い越せない
時が流れていっても　消えはしない
さあ　どこまで行ったら　辿り着くの?
遠い日の記憶

麻衣　ここ、なんだかすごく息苦しいですよね。

先生　はい。ここでは幼い日の私たちの夢が「どこまで行っても　追い越せない」ものであること、そうであるにも拘わらず「時が流れていっても　消えはしない」ものであることが語られています。

麻衣　達成できない夢をずっと追いかけている、というわけですか。

先生　その通り。「Believe」は原則としては私たちを応援する歌ですが、同時に私たちが置かれている逼迫《ひっぱく》した日常生活への深い洞察をも提示しています。「あー、苦しいよね、わかるよ、でもがんばろうぜ」という風に。そしてその洞察は極めて構造的に組み立てられています。以下ではその一つ一つを確認していきましょう。

逼迫した日常生活

先生　最初に指摘した通り、この曲の冒頭は私たちがどこにも辿り着けないというメッセージで始まっています。ただし、どこにも辿り着けない、ということは、私たちには何の目標も達成できない、ということではありません。むしろ、ある目標を達成すると、すぐに新しい次の目標が現れてきて、決して最終的な目標に辿り着けない、ということです。

麻衣　いつまでたっても目の前の仕事がなくならない、ということですね……。

先生　その通り。どこにも辿り着けない、という気分は、最終的な目標がどこにあるか分からず、従って自分がいまどの位置にいて、最終的な目標にいたるまであとどれくらいの時間がかかるかも分からない、という状態です。もうちょっと具体的な表現をするなら、将来の展望がもてないまま、目先の目標に翻弄《ほんろう》されている状態といえるかも知れません。

しかし、最終的な目標が分からなければ、自分がいま取り掛かっている目先の目標の意味も分かりません。そのとき私たちは自分の日常生活がどこに方向づけられているのか、それが自分の人生にとってどんな意味をもっているのかを見失います。次の詞をご覧ください。

一体何をしているんだろう
一体何を見ているんだろう
一体何に生きているんだろう

麻衣　これ以上ないくらい根本的な自問自答ですよね。

先生　はい。しかしこうした問いに答えは与えられません。私たちの日常生活にはそんなことに足を止めている余裕はなく、目先の目標に取り掛からなければならないからです。

ですから、「僕ら」は結局のところ、自分たちがどこに向かっているか分からないにも拘わらず、とにかく前進しなければならないから前進している、という状態に置かれています。それは、一見前進するという能動的な行為にも見えますが、いつ最終的な目標に到達するのか、どこが最終的な目標なのかが分からないままであるという意味では、盲目的です。それは目隠しをされて前に進んでいるのと同じです。ですから、「僕ら」の人生は実際には受動的なものでもあります。次の詞を見てみましょう。

そう　僕らはずっと待ってる
いつまでだって待ってる
どこまでも続いてゆく道で
心にずっと抱いてる
この夢きっと叶うはず
泣いて笑って　進んでゆく

先生　興味深いことに、「僕ら」は前進しているはずなのに、ここでは「ずっと待ってる」という受動的な言葉で表現されています。これは盲目的に駆り立てられるように前進していくことが、かえって私たちの能動性を奪うような事態である、ということの表れでしょう。

一度まとめておきましょう。この曲で描かれている日常生活の息苦しさには三つのポイントがあります。第一に、「僕ら」には最終的な目標が分からないということ、第二に、そうであるにも拘わらず前進しなければならないということ、言い換えるなら前進しないという選択はありえないということ、そして第三に、そんな「僕ら」はどこにも辿り着けないということ、です。

麻衣　先生、私はただただ絶望的な気分になってきました……。

確かな目標の不在

先生　以上のような形で「Believe」は私たちの生き辛さを代弁してくれているわけですが、先ほど挙げた三つのポイントのなかでもっとも深刻なのは、最終的な目標が分からない、ということです。それは、社会のなかに確かなものが何もない、ということでもあります。

麻衣　うーん？　どういうことですか？

先生　はい。ここで少しだけ日本の社会について考えてみましょう。ご存知の通り、日本は一九五〇年代から高度経済成長期と呼ばれる時期を経て、敗戦からの復興を遂げました。

麻衣 わ、歴史の授業が始まった。

先生 この間、特に敗戦直後には、経済的に復興することが社会の共通の目標であったといえます。その目標は確かなものであり、絶対的なものでした。

麻衣 つまり、当時の日本人は自分がどこに向かっているかをよく分かっていた、ということですか。

先生 その通りです。目の前に広がっている貧困は経済成長という最終目標の必要性にリアリティを与えていたはずです。

　そして、実際に経済成長は果たされ、目標は達成されてしまいます。現在の私たちは物質的に豊かになり、成熟した消費社会を生きているわけです。しかし、それは同時に、社会のなかで共通する目標が失われた、ということでもあります。皮肉な話ですが、現在の私たちはどこにも確かな目標がない時代を生きている、ということです。

麻衣 うーん、確かに、みんなが目指さないといけない目標なんて、今ではあまりリアリティがないですよね……。

先生 もちろん、貧困であるよりは物質的に豊かである方が恵まれています。しか

麻衣　し、ともかく確かな目標がないという現実に変わりはありません。あ、先生、思いついたんですけど、日本の社会について考えるならインターネットもそうじゃないですか？

先生　ほほう。どういうことでしょう？

麻衣　インターネットが普及したことによって、誰でも簡単に情報を調べたり発信したりできるようになりましたよね。そうすると、色々な価値観があることが見えてきて、これだけが絶対だ、って思えなくなっていくんじゃないですかね。

先生　ふむ。鋭い指摘です。インターネットは私たちに情報過多の状況を引き起こし、生き方の多様性を可視化させます。麻衣さんの指摘する通り、生き方が多様であるということは、どんな生き方が正解なのか、どんな人生が確かなものであるかが不明確になっていく、ということでもあります。これもまた現代において確かな目標が見えなくなってしまうことの要因かも知れませんね。

考えていけばきっと他にも色々な要因を見つけ出すことができるでしょう。それはどちらかといえば社会学の仕事です。私たちがここで押さえておきたいのは次のポイントです。すなわち、確かな目標が見つからないということは、絶対的な共通の目標がないということ、たくさんの多様な生き方がありえるということ、いわば世界が相対化しているということです。

麻衣　おおお、何だか話が大きくなってきましたね。

先生　そうかも知れませんが、基本的な話は変わっていません。つまり、この世界で「これだけは絶対に確実に間違いない」と確信できるものは何もない、ということです。自分がどこに向かっているか分からない、という気分の背後にあるのは、そうした世界の相対化に他なりません。

広漠たる中間

先生　さて、時代は随分昔に遡《さかのぼ》りますが、私たちと同じように確かなものが失われた世界を生きていた哲学者がいました。フランスの思想家パスカル*です。

麻衣　あ、「人間は考える葦《あし》である」の人ですよね！

先生　その通り。哲学者の残した名言のなかでももっとも有名なものかも知れませんね。パスカルは十七世紀に生まれました。十七世紀といえば、一般的に「科学革命」の世紀といわれていて、天動説から地動説への理論的な転換が起きた時代です。

麻衣　ガリレオとかケプラーとかが活躍したんですよね。

先生　はい。この天動説から地動説への移行は、単なる天文学的な理論の変化に留まらず、当時の人々の世界観・宗教観に非常に大きな変容をもたらしました。
かいつまんで説明します。当時、天動説はキリスト教の教義と密接につながっていました。その教義に従えば、地球はこの世界の中心であり、天空に広がる星々は神が創造した位階秩序と整合する、と解釈されていました。しかし、新しい地動説はこうした教義を相対化してしまいます。地動説に従えば、地球はこの世界の中心などではなく、宇宙に無数に散らばっている星々の一つに過ぎません。宇宙は無限に広大であり、私たちはその中のほんの小さな一点に住んでいるに過ぎないのです。

麻衣　つまり、天動説は絶対的な神の秩序とマッチしていたけど、地動説はその秩序を相対化してしまった、っていうことですか？

先生　簡単に言えばそういうことです。
パスカルはこうした世界観の移り変わりのなかで、この世界に絶対的なものなどなく、あらゆるものが相対的でしかないと考えました。地球から見れば小さい星が実際には地球よりもはるかに大きいことはいくらでもありえます。同様に、私にとってはとても重大なことが、麻衣さんにとってはまったくどうでもいいということだってありえます。こうした世界の本質的な相対性をパスカルは「広漠たる中間」と呼びました。

麻衣　こうばくたるちゅうかん？

先生　その通りです。たとえば、海をイメージしてみてください。麻衣さんは船に乗ってどこにも陸地の見えない海の上を漂っています。周囲には自分を繋ぎ止めておけるものなど何もありません。要するに、それが「広漠たる中間」にいるということです。どこにも確かな寄《よ》る辺《べ》がなく、自分のいる場所に確信がもてないという状況です。

麻衣　ああ、その気分って、まさに目標がどこにもない現代に似ているかも知れないですね。

先生　ある意味ではそういえるでしょう。もちろん、パスカルが生きていた十七世紀と現代を同一視するのは無理があります。しかし、少なくともこの二つの時代は、社会のなかから絶対的に確かなものが失われ、何もかもが相対化していった、という点ではよく似ています。そしてここからパスカルは、「広漠たる中間」のなかで人間がどんな悲惨な生き方をするのかを暴き出していくのです。

「気晴らし」、「虚しさ」、「倦怠」

先生　パスカルは相対的な世界に置かれた人間の生き方を三つの概念で説明しまし

麻衣　へー。なんだか哲学の概念にしては日常的な言葉ですね。
先生　はい。彼は何よりも身近な生活を観察することに長《た》けた哲学者でした。しかし、その切れ味は抜群です。
　まずパスカルは、私たちの行うほとんどすべてのことは「気晴らし」に過ぎない、と考えました。麻衣さん、そもそも「気晴らし」とは何でしょうか？
麻衣　えーと、散歩とか音楽を聴くとか……気持ちを方向転換させること、ですかね？
先生　結構だと思います。「気晴らし」とは、まさに気持ちを方向転換させること、言い換えるなら何かから目を背《そむ》けて、意図的に別のことをしようとすることです。パスカルに拠れば、相対的な世界に置かれた人間は自分の生き方に不安を覚えます。その不安から目を背けようとして、目の前に広がる些末《さまつ》なことに没頭しようとすることが、「気晴らし」です。
麻衣　不安を頭から払いのけるために別のことをするわけですね。
先生　はい。ただし、彼が「気晴らし」に該当する行為として考えているものは私たちが考えているよりもずっと広いです。彼は、労働、政治、戦争行為すらも「気晴らし」に過ぎないと考えていました。

麻衣　戦争も「気晴らし」なんですか!? 迷惑な話ですね！

先生　その通りです。パスカルに従えば、戦争は国王が自分の不安から目を背けるために行う「気晴らし」でしかありません。言い換えるなら、「広漠たる中間」に置かれた人間にとって、「気晴らし」はそれくらい重大なものだ、ということです。もしパスカルが現代に生きていたら、きっと受験勉強や就職活動も「気晴らし」であると言うでしょうね。

麻衣　うーん、確かに、就活で必死になっている時にはあれこれ考える余裕はないですもんね。

先生　そういうことです。しかし、「気晴らし」は長続きしません。私たちは自分から目を背け続けている間に、だんだんと「気晴らし」の無意味さを感じるようになってきます。それが「虚しさ」です。

麻衣　「気晴らし」ばかりしていたら虚しくなる、っていうことですか。

先生　その通り。「気晴らし」はあくまでも私たちにとって些末なことでしかありません。そんなことを繰り返していても人生に何の意味ももたらさないものが「気晴らし」です。「気晴らし」で自分の人生を埋め尽くしていたら、人生そのものが些末になってしまいます。そうした「虚しさ」に直面した人は、「気晴らし」に没頭することを止めてしまいます。

麻衣　就活で鬱《うつ》になって引きこもる、みたいな光景が頭を過《よぎ》りました。

先生　まぁそんなところでしょう。ところが、この「虚しさ」も長続きはしません。私たちはずっと「気晴らし」をしないでいると、当然のことながら、自分が相対化された世界に置かれていることを実感し、不安な気持ちになっていきます。私たちには確かなものがなにもなく、どこに向かって進めばいいかも分かりません。そうした状況で何もしないでいると、私たちは今度は「倦怠」に陥ってしまう、とパスカルは主張します。

麻衣　三つ目が出てきましたね。

先生　「倦怠」とは、何もしないで自分の不安に直面することです。私たちはそうした状況でじっとしていると、やがて耐えがたい息苦しさに襲われ、胸を締め付けられます。パスカルは、何もしないでじっとしていることほど、人間を悲惨にすることは他にないと考えました。そうして私たちはまた「気晴らし」を始めます。つまり、自分の不安から目を背けるために、目の前のどうでもいいことに取り掛かるのです。

麻衣　あれ、また「気晴らし」に戻ってきましたね。でも「気晴らし」はずっとは続かないんですよね？

先生　その通り。パスカルは、「気晴らし」、「虚しさ」、「倦怠」は円環的に繋がっていて、私たちはそのなかをぐるぐると循環していると考えました。「気晴らし」をしているとやがて「虚しさ」に襲われ、「虚しさ」のあまり何もしないでいると「倦怠」に襲われ、「倦怠」の悲惨さがまた「気晴らし」を引き起こす。でもその「気晴らし」もまた「虚しさ」に移り変わる……。要するに私たちの人生はこの円環の繰り返しでしかない。それがパスカルの主張です。

麻衣　パ、パスカル先生、厳しいっス……。

人生は不安に包まれている

先生　こうしたパスカルの思想を踏まえると、「Believe」の詞がいかに本質的に私たちの人生の息苦しさを表現しているかが分かります。先ほど指摘したこの詞のポイントを覚えていますか?

麻衣　えーと、まず「僕ら」には最終的な目標が分からない、でもとにかく前に進まないといけない、だからといってどこにも辿り着けない、この三つです。

先生　完璧です。最終的な目標が分からない、ということは、確かな目標がないということです。それは目標が相対化されているということを意味しています。

麻衣　これを目指せばいいんだ!　って確信できる手がかりがないってことですよ

先生　ね。

その通りです。しかし、だからこそ私たちは前に進まなければなりません。目の前にある雑事にとりかからなければなりません。パスカルの概念でいえば、「気晴らし」をしなければなりません。なぜなら、不安な状況でじっとしていることなど私たちには到底耐えられないからです。

麻衣　でも、それはいつか「虚しさ」になる……。

先生　まさに。「虚しさ」に襲われた「僕ら」は、結局自分たちがどこにも辿り着けないんだ、という無力感に苛まれます。しかし、だからといって何もしないでじっとしていることはできません。

麻衣　「倦怠」に陥ってしまうから、ですよね。

先生　麻衣さん、随分よく理解していますね！

麻衣　何だか私にはパスカルの言いたいことが痛いほどよく分かります……。

先生　結構なことです。それはともかくとして、「僕ら」は以上のような形で、目標がないのに前進しなければならず、同時にどこにも辿り着けない、という息苦しさに苛まれています。この息苦しさは私たちの日常生活を全体として染め抜いている色調のようなものです。

「Believe」では、これに対して「待つ」という態度が取られています。「待つ」という行為の価値については、第三章で議論しました。これはこれで興味深いアプローチです。ですが、以下では別の可能性を考えていきたいと思います。

私たちの人生に確実なものは何もない。それがこの章の大前提です。

＊ブレーズ・パスカル（**Blaise Pascal**）一六二三—一六六二。フランスの哲学者。「人間は考える葦である」という名言で有名。その他、数学の領野で幾何学の理論「パスカルの定理」を発見したり、物理学の領野で圧力の理論「パスカルの原理」を発見したりと、様々な分野の学問で天才ぶりを発揮した。哲学の主著としては『パンセ』がある。

二　自分の人生を決断すること

「RPG」

SEKAI NO OWARI

先生 私たちの日常生活の漠然とした息苦しさは、私たちの人生になにも確かなものがない、という状況に由来しています。

麻衣 先生、さっきのパスカルの議論のせいで何を食べても美味しく感じません……。

先生 キムチと牛乳を一緒に食べると美味しいですよ？

麻衣 意味不明なこと言わないでください……。

先生 ただ、人生が不確かであるということは必ずしもネガティブなことばかりではありません。なぜなら、不確かであるからこそ人生を自分で選ぶことができる、ということでもあるからです。人生の不確かさは、翻って、人生の選択を可能にするのです。

麻衣 なるほど。これが絶対だ、っていう生き方があらかじめ決まっていたら、それとは違った生き方をすることは最初からできなくなりますもんね。

先生 その通り。ただし、人生が不確かであることに変わりはありませんから、人生の選択はそれが絶対に間違いないという保証を一切伴わないものとして考えなければなりません。つまり、人生の選択はどこか合理的な計算を超えた賭けのようなものに似ています。それを私たちは以下で決断と呼ぶことにしましょう。

麻衣　ええと、つまり、決断とは合理的な計算を超えた選択である、ということですか。

先生　仰る通りです。不安に包まれた人生のなかで何かを決断することは何を意味するのか、そしてそれは私たちの人生にどのような意味をもつのか。これを次のテーマにしましょう。取り上げるのは、ＳＥＫＡＩ　ＮＯ　ＯＷＡＲＩの「ＲＰＧ」です。

麻衣　おお、ここでセカオワの登場ですか！

RPG ―― SEKAI NO OWARI

作詞 Saori Fukase

空は青く澄み渡り
海を目指して歩く
怖いものなんてない
僕らはもう一人じゃない

大切な何かが壊れたあの夜に
僕は星を探して一人で歩いていた
ペルセウス座流星群
君も見てただろうか
僕は元気でやってるよ
君は今「ドコ」にいるの？

「方法」という悪魔にとり憑かれないで
「目的」という大事なものを思い出して

空は青く澄み渡り
海を目指して歩く
怖いものなんてない
僕らはもう一人じゃない
空は青く澄み渡り
海を目指して歩く
怖くても大丈夫
僕らはもう一人じゃない

大切な何かが壊れたあの夜に
僕は君を探して一人で歩いていた
あの日から僕らは一人で
海を目指す
「約束のあの場所で
必ずまた逢おう。」と

自分だけが決めた「答」を思い出して
「世間」という悪魔に惑わされないで

〔……中略……〕

〝煌めき〟のような人生の中で
君に出逢えて僕は本当によかった

街を抜け海に出たら
次はどこを目指そうか
僕らはまた出かけよう
愛しいこの地球《せかい》を

空は青く澄み渡り
海を目指して歩く
怖いものなんてない
僕らはもう一人じゃない
空は青く澄み渡り
海を目指して歩く
怖くても大丈夫
僕らはもう一人じゃない

先生　「RPG」はSEKAI NO OWARIが二〇一三年に発表した四枚目のシングル曲です。独特な世界観が人気のバンドで、最近では子供たちからも高い人気を誇っています。

麻衣　そうそう、でもセカオワが面白いのは、一見ファンタジーな世界観なんだけど、実際には少しだけダークなところもあって、そのバランスが絶妙なんですよね。

先生　この曲「RPG」ではそうしたファンタジックな要素がはっきりと前景化されています。さてさて、麻衣さん、この曲の感想を教えて頂けますか？

麻衣　私の印象だと、この曲って全体が「僕」から「君」への手紙になっていると思います。詞の背景に壮大なストーリーが控えている感じがしますね。

先生　ほほう。詳しく聞かせてください。

麻衣　「僕」と「君」は、きっと昔は近くに住んでいたんだけど、ある日何かのきっかけで離れ離れになっちゃうんですよ。「海」を隔てるくらい、遠くに行っちゃうんです。そのとき「僕」と「君」はいつか再会しようっていう約束を交わすんです。でも、「僕」は新しい街で「世間」にまみれてしまって、「君」との約束を忘れて生活に追われてしまいます。「君」がどこにいるのかも分からなくなってしまいます。ところがある日、「大切な何かが壊れたあの夜」がやってきて、その時を境に「僕」は「君」を探して旅に出るんですよ。この詞は、その決断を綴《つづ》った「君」への手紙のように見えますね。

先生　相変わらず、私からは到底出てこない奥行きのある解釈ですね。

麻衣　私、こういう物語系の詞が好きなのかも知れません。

先生　「僕」は結局「君」と再会できるのでしょうか？

麻衣　うーん、そこについては書かれてないですよね。どちらかというと、「君」を探しにいくっていう決断をしたことで、「僕」が肯定的な気持ちを抱けるようになった、っていう感情の変化が表現されていると思います。

先生　ふむ、結構です。麻衣さんは既にこの詞の核心をほとんど捉えているようですね。

麻衣　でも、実はよく分からないところもあるんですよ。

先生　ほう、どこでしょう？

麻衣　えっと、「僕」が「君」を探しに旅に出るのはよく分かるんですけど、そこからこんなことも言うわけですよ。

街を抜け海に出たら　次はどこを目指そうか
僕らはまた出かけよう　愛しいこの地球《せかい》を

麻衣　「地球」を愛しちゃうってすごくないですか？　なんでそんな大きい話になるのかよく分かりません。

先生　ふむ、つまり、「君」と再会するために旅に出ることを決断することと、そこから「地球」を愛するということとはすぐには結びつかないのではないか、という疑問でしょうか？

麻衣　あ、はい。大体そんな感じです。

先生　なるほど。実に本質的な問いです。もしこの部分がただの虚飾ではないのだとしたら、「僕」の決断と「地球」への愛にはきっと何かの関係があるはずです。それを含めて、私たちの人生で決断がどのような意味をもつのかについて、考えていきましょう。

「世間」に囚われること

先生　全体を俯瞰《ふかん》すれば、この曲は自分の人生を自分で決断することの重要さを訴えています。ただし、そのメッセージをより哲学的に考えていくためには、一体なぜ、決断することがそれほど重要なのか、言い換えるなら、私たちが決断しなければならない理由はどこにあるのか、ということを考える必要があります。

麻衣　自分の生き方を決断するのって、大抵の場合はとても疲れますよね。責任だってのしかかってくるし……。

先生　その通りです。決断することは簡単なことではありません。それでもこの曲は、決断のない人生よりも決断された人生に高い価値を置いています。そこでまずは、決断のない人生がどのようなものかを考えていきましょう。この曲の中で、そうした人生を特徴づける概念が二つ登場しています。麻衣さん、何でしょう?

麻衣　「方法」と「世間」！

先生　素晴らしい。正解です。「方法」は「目的」に、「世間」は「自分だけが決めた『答』」にそれぞれ対置されています。そして「方法」と「世間」はともに「悪魔」と呼ばれ、非常に強い非難が向けられています。

麻衣　そこまで嫌わなくてもいいような気がしますが……。

先生　確かにそうかも知れませんが、少なくとも「僕」にとって、「方法」と「世間」は自分の人生を絶望的に貧しくさせる忌《い》むべきものであり、これらに囚われた生き方をどう克服するかは非常に重要な問題のようです。

議論を深めていくために、次のように整理しましょう。決断をしない人生とは、方法的かつ世間的に生きることであり、それは人生の目的を忘れた生き方です。そうした意味でこの詞で「方法」と呼ばれているものは効率を重視する態度として解釈することができるでしょう。

麻衣 つまり、自分の生き方を決断しない人生っていうのは、「世間」に合わせて効率的に生きようとすること、っていうことですか？

先生 要するにそういうことです。そしてそれは、周りと違うことをしないように空気を読みながら計算高く生きることである、と言い換えることもできるでしょう。

麻衣 うっ……なんだか急に胸が苦しくなってきました。

先生 先ほどの私たちの議論と接続してみましょう。私たちの人生に確かなものは何もありません。これさえ追いかけていれば間違いない、という確信を与えてくれる目標などは存在しません。

麻衣 世界の相対化、ですよね。

先生 その通り。そして確かなものが何もないとき、私たちは「気晴らし」、「虚しさ」、「倦怠」の円環に囚われ、回し車の中のネズミのように同じことをグルグルと繰り返します。そうした生き方は私たちを息苦しくさせます。

しかし、周りの人々と同じことをしていれば、自分だけが苦しんでいるのではないんだ、という慰めを得ることができます。つまり、みんなと同じように生きていれば、たとえ人生が不確かであったとしても孤独にはならなくて済む、そして孤独ではないという意味で安心を得られる、ということです。

麻衣　それって、確かなものがないことに変わりはないけど、孤独であるよりはみんなと同じ方がマシ、ということですか？

先生　そういうことです。そして、その「みんな」が「世間」に他なりません。ここがポイントです。「世間」とは特定の個人ではありません。それは、一人一人が誰であるかをそもそも意識できないような「みんな」であり、本質的に匿名的な集合体です。たとえば、「世間ではこうなっている」というような言い方がされるとき、その「世間」は特定の個人の意見を指すわけではありません。誰と名指すことができない「みんな」。そこに紛れ込んでいくことが「世間」に囚われた生き方に他なりません。

麻衣　あー、そう言われると、それってまさに「空気を読む」の「空気」に似ていますね。

先生　まさにその通りです。「世間」に囚われているということは、誰かにそうしろと言われたわけではないのに、みんながそうしているから自分も同じようにしないといけない、という強迫観念を生み出します。たとえば、そうした具体例としては就活生が誰からも命令されていないのに全員同じようなスーツを着てくる事態が挙げられるでしょう。

麻衣　ははー、なるほど……。確かに、みんながスーツを着ているのに自分だけカジュアルだったらすごく怖いです。

先生　私たちは、確かなものが何もないという不安から「世間」に迎合していきますが、しかしだからといって、「世間」が私たちに心の平静をもたらしてくれるわけではありません。むしろ、私たちはみんなから孤立しないように、人の目を気にしてビクビクせざるをえなくなります。麻衣さんの言う通り、それは恐怖に怯えながら生きていくということに他なりません。

自分の人生を決断すること

先生　先ほど指摘した通り、「世間」とは特定の誰かではない匿名的な空気のようなものです。「世間」に囚われて生きるということは、悪目立ちしないように、孤立しないように生きることを意味します。それは、言い換えれば、誰でもないものとして生きるということでもあります。

そして、これとまったく反対の出来事が、自分の人生を決断するということです。例を使って考えてみましょう。麻衣さんがいま大学四年生で、就職活動の真っ只中にいるとします。周りはみんな手帳を予定で真っ黒にしていて、毎日のようにリクルートスーツを着ています。大学にはほとんど顔を出しません。

麻衣　いつか必ずやってくる未来ですね……。

先生　そのときもし麻衣さんが「世間」に囚われているなら、きっと麻衣さんは周りと同じように就職活動をするでしょう。みんなと同じように手帳を真っ黒にし、みんなと同じようなスーツを着て、みんなと同じように就活の愚痴《ぐち》をこぼすはずです。でも、だからといって自分の人生に明確な目標があるわけではありません。麻衣さんはとりあえずみんなと同じように就活しているに過ぎません。

これに対して、麻衣さんがある日一念発起して、画家になることを目指すとしましょう。

麻衣　私すごい決断しましたね。

先生　周りの友人たちは麻衣さんを止めるはずです。「やめなよ、そんなの無理だよ、普通にありえないよ」と。しかし、麻衣さんは考えを変えません。たとえ誰からも理解されなかったとしても、麻衣さんは絵を描くことにこそ生きがいを見出し、それを人生の中心に据えることを決めてしまったのです。これが自分の生き方を決断するということです。

　この二つの生き方の最大の違いは次の点にあります。「世間」に囚われるということは、誰でもないものとして生きるということを意味していました。言い換えるなら、「私」以外の誰かであっても同じであるかのような生き方をするということです。これに対して、決断をして生きるということは、私が「私」であるからこそ選ばれるような生き方をするということです。さっきの例でいえば、麻衣さんは画家を目指すことを決断するわけですが、しかし多くの人はそうした選択をしないでしょう。ですから、麻衣さんの決断は、その決断をしたのが麻衣さんであって、麻衣さん以外の誰かではないからこそ成り立つものなのです。

麻衣　先生、ストップ、ちょっと頭がこんがらかってきました。

先生　確かに少々ややこしい話かも知れませんね。もう一度、「世間」に囚われている生き方に視線を移してみましょう。「世間」に囚われている麻衣さんは、みんながそうしているからという理由で、リクルートスーツを着ています。このとき、リクルートスーツを着るという選択肢は麻衣さん以外の誰かも選ぶことができます。というよりもむしろ、麻衣さん以外の人々がリクルートスーツを着ているからこそ、麻衣さんも同じようにそれを着ているわけです。そのとき麻衣さんは自分が自分であることを放棄しなければなりません。「世間」に囚われているとき、その選択をしたのが麻衣さんである理由、言い換えるなら、麻衣さん以外の誰かであってはいけない理由はどこにもないのです。

麻衣　つまり、みんなと同じように生きている限りは、自分が自分であるということを見失ってしまう、ということですかね？

先生　そう言い換えることもできるでしょう。このまったく反対にあるのが決断です。麻衣さんの決断は、麻衣さんが麻衣さんであるからこそ成り立つものです。決断は常に別の人間は違った選択をするという可能性を秘めています。麻衣さんは画家を目指しました。しかし、船乗りになることを決断する者もいれば、詩人になることを決断する者もいるでしょう。そうした具体的な決断の違いは、その決断をしたのが誰であるかによって決まります。

　こうした観点から決断について興味深い議論を展開したのがドイツの哲学者ヤスパース*です。ヤスパースに拠れば決断の本質とは、決断がその決断をした人間の人生を表現する、という点に存しています。決断に凝縮されているのは、「私」が「私」であって、「私」以外の誰かではなく、「私」の人生は誰のものとも交換できないという根本的な事実です。

麻衣さんが画家になることを決断したとするなら、そのなかには、麻衣さんがこれまでの人生の中で出会ってきた様々な絵画や人々の思い出が込められています。その思い出は麻衣さんだけがもっているかけがえのないものです。そして、そうした思い出がなければ麻衣さんは画家になるという決断をしなかったでしょう。

麻衣 うーん、要するに、「私」が他人とは違う唯一の人間だからこそ、「私」は決断することができる、っていうことですか。

先生 その通りです。

決断の無制約性

先生 ヤスパースは決断を「飛躍」とも呼びました。つまり、決断するということは、普通の人が通っていく道を飛び越えて、自分だけの道を行くということです。決断をするとき、私たちはもはや「世間」に囚われてはいません。麻衣さんが画家になると決断したとき、麻衣さんはもはや「みんなと同じようにリクルートスーツを着ないといけない」などと考えることはないでしょう。麻衣さんはそうした囚われの状態を「飛躍」しているのです。言い換えるなら、自分の人生を決断するということは、人目を気にしてビクビクしながら生きることをやめ、そうした息苦しい状態から自分を解放するということを意味していま す。ヤスパースはそうした解放を決断の「無制約性」としても性格づけていま す。

麻衣　無制約性……何にも制約されていない、っていうことですか。

先生　その通りです。麻衣さんが画家になることを決断するとき、その決断を制約するものは原理的に何も存在しません。決断は、麻衣さんが麻衣さんであるという理由によって引き起こされるのであって、そこに他者が口を挟む余地はないからです。

そうである以上、決断は私たちを「世間」から解放し、そのとき「世間」への怯えは雲散霧消します。その気持ちを描いているのが、次の詞です。

空は青く澄み渡り　海を目指して歩く
怖いものなんてない　僕らはもう一人じゃない
空は青く澄み渡り　海を目指して歩く
怖くても大丈夫　僕らはもう一人じゃない

先生　ここでは「君」と再会することを決断した「僕」が、「世間」を離れて「海を目指して歩く」際の晴れやかな解放感が描かれています。強調されているのは「怖いものなんてない」や「怖くても大丈夫」といった、恐怖を克服した姿です。決断することは「世間」から離れることです。それは孤独になることを意味しています。「世間」に囚われた生き方をしている限り、孤独はもっとも恐怖すべき事態です。それに対して「僕」はそうじゃないんだと語りかけます。たとえ「世間」から離れて孤独になるのだとしても、それはなにも怖いことではないんだ、と。

麻衣　でも先生、「世間」から離れて生きたとしても、人生が確かなものになるわけではないですよね？　結局、私たちは相対化された世界を生きているわけだから、不安がなくなることはないと思うんですけど。

先生　その通りです。ですが、だからといって「世間」に囚われていれば確かなものが手に入るわけでもありません。私たちの前提に従えば、その点ではどちらの生き方も共通しています。

麻衣　うーん、そうだとすると、結局人生は不安なままなわけですよね。何がそんなに違うんだろう……。

先生　最大の違いは次の点にあります。すなわち、自分の人生を決断するというのは、決断している「私」自身を受け入れること、言い換えるなら、「私」が「私」であって、「私」以外の誰かではないという事実を、正面から受け入れることを意味しているのです。

詞に即して考えてみましょう。「僕」は「君」と再会することを決断しました。しかし、本当に再会できるという保証はありません。もしかしたら「君」と会えずにすべてが徒労に終わるかも知れません。あるいは、「君」と再会することで「僕」はもっと傷ついたり、場合によっては後悔したりするかも知れません。「僕」に未来を約束するものは何もありません。「僕」の人生はまったく不確かです。しかし、「僕」はそうした不確かな人生をこそ肯定しているのです。その肯定感は特に次の詞で描かれています。

〝煌めき〟のような人生の中で
君に出逢えて僕は本当によかった
街を抜け海に出たら　次はどこを目指そうか
僕らはまた出かけよう　愛しいこの地球《せかい》を

麻衣　あ、地球を愛しちゃうところだ。

先生　麻衣さんが疑問に思っていた地球への愛は、決断が根源的な自己肯定であることから説明できるでしょう。ここで「僕」は自分の「人生」を「煌めき」に喩えています。煌めくとは、何かが恒常的に光っている様子ではなく、キラキラと不安定にかつ散発的に明滅することであり、しかし同時に美しく輝くことです。こうした表現からは、「僕」が自分の人生を不安でありながらも美しいものとして実感している、ということが示されています。その人生の中で「君に出逢えて僕は本当によかった」と言います。いうまでもなく、人生は「私」一人で形作られるものではありません。そこには様々な物や人との出会いがあります。「僕」は、自分の人生を肯定することを通じて、そうした人生を包み込んできた世界そのものをも肯定しているのです。

麻衣　なるほど……さすがセカオワ、スケールが違いますね。

先生　はい。極めて大きな射程をもった詞です。ともかく、私たちがこの詞から学ぶべきことは、人生が不確かであったとしても、その人生を肯定することはできる、ということです。その肯定は自分が自分であることを受け入れるということを意味しています。そうした自己肯定が発露する瞬間が、自分の人生を決断するときなのです。

＊カール・テオドール・ヤスパース（Karl Theodor Jaspers） 一八八三―一九六九。ドイツの哲学者。もともとは精神医学の医師であったが、哲学者に転向。実存主義哲学に立脚しながら、既成の学問としての「哲学」ではなく、思索の行為としての「哲学すること」を重視した。主著に『哲学入門』『哲学』がある。

三 孤独に生きることへの祝福

「YELL」

いきものがかり

先生 さて、私たちは今まで、人生が不確かであるということ、しかし、そうであったとしてもその人生を肯定できる可能性もあるということを検討してきました。

麻衣 でも先生、特に最近の日本の事情を考えちゃうと、孤独になるのって逆に難しいですよね。画家のような人だってインターネットを使って情報発信してますし。

先生 ふむ。それはもっともです。画家のようにアートやクリエイティブな仕事を生業とする人々は、本来は孤独に自己表現することに専念するべきなのですが、昨今はＳＮＳなどを通じて常に世間と繋がり続けることを強いられていますね。

麻衣 それに、コミュニケーションアプリとか使っていると、メッセージが来たらすぐに返信しないといけないですもん。私のスマホは常にポコポコいってますよ。

先生 他方で、ビッグデータ解析や人工知能の目覚ましい発達も見逃すことができません。たとえば、私たちがインターネットを通じて検索した情報の履歴から、私たちの趣味嗜好が学習され、それによって「あなたと同じものを検索した人はこんなものを見ています」といったような形で私たちに合わせたオススメが

麻衣　なされることがよくあります。しかし、結局これは「私」を「私と似た趣味嗜好をもった匿名的な集団」に還元することであって、要するに世間のうちに溶け込ませる装置でしかありません。

先生　うーん、世の中どんどん孤独になるのが難しくなっているのですね……。

麻衣　その通りですね。そしてその理由は、私たちにとって孤独がそれほどまでに脅威であるからに他なりません。

　私たちは先の議論で、自分の人生を孤独に決断することの重要性を強調しました。しかし、だからといってそれは簡単にポンとできることではありません。人生を肯定することの意味を正しく理解するためには、その引き換えに私たちを襲う孤独の本質を捉える必要があります。これが私たちの最後の課題です。

先生　最後の最後に孤独について考えるわけですか。

麻衣　その通りです。手がかりとして取り上げるのは、いきものがかりの「YELL」です。

先生　いきものがかりが大トリというわけですね！

YELL ── いきものがかり

作詞　水野良樹

「〝わたし〟は今　どこに在るの」と
踏みしめた足跡を　何度も見つめ返す
枯葉を抱き　秋めく窓辺に
かじかんだ指先で　夢を描いた

翼はあるのに　飛べずにいるんだ
ひとりになるのが恐くて　つらくて
優しいひだまりに　肩寄せる日々を
越えて　僕ら　孤独な夢へと歩く

〔……中略……〕

僕らはなぜ　答えを焦って
宛ての無い暗がりに
自己《じぶん》を探すのだろう
誰かをただ　想う涙も
真っ直ぐな　笑顔も　ここに在るのに

〝ほんとうの自分〟を
誰かの台詞《ことば》で
繕うことに　逃れて　迷って
ありのままの弱さと　向き合う強さを
つかみ　僕ら　初めて　明日へと　駆ける

サヨナラを誰かに告げるたびに
僕らまた変われる　強くなれるかな
たとえ違う空へ飛び立とうとも
途絶えはしない想いよ　今も胸に

永遠など無いと　気づいたときから
笑い合ったあの日も　唄い合ったあの日も
強く　深く　胸に　刻まれていく
だからこそあなたは　だからこそ僕らは
他の誰でもない　誰にも負けない
声を　挙げて
〝わたし〟を　生きていくよと
約束したんだ　ひとり　ひとり
ひとつ　ひとつ
道を　選んだ

サヨナラは悲しい言葉じゃない
それぞれの夢へと僕らを繋ぐYELL
いつかまためぐり逢うそのときまで
忘れはしない誇りよ　友よ　空へ

僕らが分かち合う言葉がある
こころからこころへ　声を繋ぐYELL
ともに過ごした日々を胸に抱いて
飛び立つよ　独りで　未来《つぎ》の　空へ

先生　「YELL」は二〇〇九年に発表されたいきものがかりの十五作目のシングル曲です。同バンドの代名詞ともいえる大ヒット曲で、その年のNHK全国学校音楽コンクールにおける中学校の部の課題曲にも指定され、若者を中心に広く親しまれました。

麻衣　私、高校の卒業式で歌いましたよ。泣いたなー。

先生　この曲は卒業ソングとしても定番になっていますね。とはいえ、詞そのものは奥が深く、決して単純ではありません。では麻衣さん、この曲のメッセージは総じてどのようなものでしょう?

麻衣　やっぱり印象に残るのは「サヨナラは悲しい言葉じゃない」っていうフレーズですよね。普通に考えれば人と別れることは悲しいことですけど、それは新しい道を進んでいくということでもあって、だから「サヨナラ」は「YELL」なんだっていう、すごく瑞々しい考え方だと思います。

先生　なるほど。確かに、ここにはいきものがかりらしい独創的な作詞のセンスが光っています。

麻衣　でも、新しい道を進んでいくことだけではなくて、ずっとみんなと一緒にいることが「弱さ」だともいわれていますよね。私たちはついつい新しい道に進んでいくことを怖がって、今の環境に留まろうとしてしまう。でも、それはなんていうか、良くないことだ、みたいな……。この辺りがちょっと難しいですよね。

先生　ふむ。仰る通りです。この曲が単なる卒業ソングと一線を画しているのは、他者と群れること、あるいは孤独になることへの洞察の鋭さです。

少し細かく詞を見ていきましょう。冒頭は次のように始まります。

「〝わたし〟は今　どこに在るの」と
踏みしめた足跡を　何度も見つめ返す
枯葉を抱き　秋めく窓辺に
かじかんだ指先で　夢を描いた

先生　最初の二行が鮮烈です。「〝わたし〟は今　どこに在るの」という問いは、自分が何者であるかということへの素朴な疑問です。いうまでもなく、「私」にはその答えが分かりません。それはこの章で論じてきたことと関連させれば、人生そのものの不確かさに由来します。そして、「私」はその答えを「踏みしめた足跡」に見出そうとします。それは今まで歩んできた過去を指しているといえるでしょう。「私」が今まで行ってきたこと、考えてきたこと、成し遂げてきたことから、自分が何者であるかを突き止めようとしているのです。しかし、これもうまくいきません。

これに対して「私」の周りにいる人々はどうやら優しい言葉をかけてくれているようです。きっと、「大丈夫だよ、気にしなくて。なんとかなるよ」とかなんとか言ってくれるのでしょう。そして、「私」はそういう優しい周囲の人々に慰められ、考えるのをやめてしまいます。次の部分を見てください。

翼はあるのに飛べずにいるんだ
ひとりになるのが恐くて　つらくて

先生　ここでは、「私」が周りの優しい人々に流されて「〝わたし〟は今　どこに在るの」という根本的な問いから目を背けている様子が描かれています。

麻衣　そんなことを本当に口にしていたらメンドクサイ子だと思われること必至ですもんね。

先生　まぁそうでしょう。しかし、そうであるにも拘わらず「私」には自分自身への内省的な問いを完全に無視することができません。「私」は何者であるのか、これからどんな人生を歩んでいくのか。ここには、自分自身の人生と孤独に立ち向かおうとする意志と、それを忘れさせようとする周囲の優しい気遣いとの間で生じる葛藤が表現されています。この葛藤をいかに乗り越えるかが、この曲の中心的なテーマであるといえるでしょう。

孤独に生きるか、「畜群」になるか

先生　少しだけ復習しておきましょう。麻衣さん、自分の人生を決断することが、その人生を肯定することになるのはなぜでしょう？

麻衣　えーと……つまり、決断するっていうことは、「私」が「私」であるということを受け入れることであって、「私」自身をかけがえのない存在として認めることだから……。でしたっけ？

先生　その通りです。では逆に、そうした決断をせずに、世間に囚われることが自分の人生を否定することになるのはなぜですか？

麻衣　んーと、さっきの議論だと、世間に囚われるっていうことは誰でもないものとして生きるということで、それは「私」以外でもありえる者として生きることだから、つまり「私」が「私」であることを否定することになるから、です。

先生　素晴らしい。抽象的な議論でしたが、そこまで記憶しているのは大したものです。

麻衣　いやー、ははは、もっと褒めてくれてもいいんですよ。

先生　この図式をここでも応用してみましょう。自分の人生を決断するということは、自分を肯定することである代わりに、孤独になることを意味しています。この詞でいえば、「〝わたし〟は今　どこに在るの」という問いに立ち向かい、答えを模索することがこれに当たります。反対に、世間に囚われることは、孤独を回避することである代わりに、自分を否定することを意味しています。この詞でいえば、「翼はあるのに　飛べずにいる」状態がこれに当たります。

　そして、それは「私」がとることのできる二つの選択肢でもあります。つまり第一に、自分を肯定することと引き換えに孤独になるか、第二に、孤独を避けることと引き換えに自分を否定するか、そのどちらかです。

麻衣　地獄の選択ですね……。

先生　多くの人々はこのうち第二の選択肢を選びます。その選択が意味することを表現しているのが、次の詞です。

〝ほんとうの自分〟を
誰かの台詞《ことば》で

繕うことに　逃れて　迷って

先生　「誰かの台詞」とは世間の常識のようなものでしょう。ここで「私」は「〝ほんとうの自分〟」を世間の言葉で語ることで、自分自身から逃げ、それによって孤独であることを免れています。

ドイツの哲学者ニーチェ*は、孤独であることを恐れて、自分を否定するような生き方をしてでも他者と群れる人々を「畜群」と呼びました。

麻衣　ちくぐん？　それってどういう意味ですか？

先生　群れをなして生きる家畜のことです。家畜は一匹では生きることができないために仲間と群れています。ニーチェは、世間のぬるま湯につかって思考停止に陥る人間はそうした家畜に等しいと考えたわけです。

麻衣　うわぁ、容赦ないですね……。

先生　はい。ニーチェの辞書に容赦という文字はありません。

「本当の自分」なんてない

先生　実はこの問題は私たちが第一章で問題にしたことと密接に関連しています。麻衣さん、この本の出発点になった議論を覚えていますか?

麻衣 えーと、私たちには「自分らしさ」とか「ありのままの自分」が分からない、ということでしたよね。自分を問うときには、考えている自分と考えられている自分とが分裂してしまうから。

先生 その通りです。ずいぶん前のことですが、よく覚えていました。

麻衣 いやー懐かしいですねー。遠い過去のことのように思います。

先生 麻衣さんが指摘するように、私たちは「ありのままの自分」を考えることは可能か? という問いから出発しました。そしてその答えは否、つまり不可能だ、という結論に至りました。なぜなら、私たちは自分を常に他者との関係から理解しているからです。そうである以上、それ自体で存続する永遠不変の「自分らしさ」など存在しません。逆にいえば、だからこそ自分は何者であるのかという問いも可能になるのです。

麻衣 「自分らしさ」が分かっていたら、そもそも自分が何者であるかを疑問に思うこともないですもんね。

先生 その通り。しかし、そうであるにも拘わらず、私たちは変わることのない「自分らしさ」を求めてしまい、しばしば虚構を作って自分を偽ります。第一章で使った例をここでもう一度引きましょう。麻衣さんはご自身を「ツッコミ気質

麻衣　で、お洒落や映画鑑賞が好きな、典型的な文化系女子」と定義されていました。

先生　いや、だからそれは先生がした定義では……。

麻衣さんは周囲の友人たちから「麻衣は本当に文化系女子だよねー」と言われます。そして麻衣さんは周囲の期待を裏切らないように文化系女子としての自分を演じます。そうやって変わることのない「自分らしさ」を虚構していくのです。

麻衣　「自分らしさの檻」と呼ばれていたものですよね。周囲の空気に合わせていくうちに逆にどんどん息苦しくなっていく、っていう。

先生　その通りです。結論から言いましょう。それがニーチェの言う「畜群」です。

麻衣　おおお、繋がった！

先生　ニーチェは、私たちが自分自身に変わることのない「自分らしさ」を仮構し、それに固執し囚われることは、それによって他者に自分を説明し、自分を助けてほしいからだ、と考えました。その背景には、自分はこれこれこういう人間だから、あなたにとって有害ではないので、仲間に入れてほしい、という願望が働いているのです。そうした願望をもつのは自分が一人では生きていけない弱い存在であり、孤独を恐れているからです。

麻衣 つまり、自分の取り扱い説明書として「自分らしさ」を演じる、みたいな感じですか？

先生 ふむ、面白い表現ですね。そう解釈することもできるでしょう。
もしかしたら麻衣さんはもう映画なんて観たくないのかも知れないし、ツッコミだってしたくないのかも知れません。それでも、麻衣さんが「畜群」である限り、周囲から作り上げられた「麻衣はこういう人だよね」という麻衣像を維持し、それに囚われ続けなければなりません。

麻衣 そして、それが「〝ほんとうの自分〟を 誰かの台詞《ことば》で 繕うこと」なわけですね。

先生 その通りです。

変わること＝決別すること

先生 「畜群」とは、自分を否定しながら世間に囚われる生き方です。そのとき「私」は周囲の人々から助けてもらうために、周囲が期待する「自分らしさ」を演じます。そうすることによって周囲を安心させ、自分が仲間で居続けることを許してもらうのです。従って、そのとき「私」は変わらないことに固執します。周囲の人々から不審がられないよう、どんなときでも同じ自分でいなければならない、という強迫観念に苛まれるのです。

麻衣　うーん……なんだかなぁ……。

先生　おや、麻衣さんどうしましたか？

麻衣　いや、なんだかちょっと冷たいなぁと思って。友達と一緒だからこそ慰められることもあると思うんですよね。それも「畜群」だって言われちゃうと……。

先生　ふむ。もっともな反論です。一つだけ留保しておきましょう。私たちは「畜群」を批判的に論じていますが、それは「畜群」が同調圧力をかけ、「私」を息苦しくさせる限りにおいてのことです。麻衣さんの言う通り、自分を慰めてくれる仲間が周囲にいることが、かえって人生の息苦しさを和らげてくれることもあるでしょう。それはそれで尊重されるべき人間関係です。

麻衣　あー、つまり、私たちが批判的に考えていくのは息苦しさを催させる人間関係だけ、っていうことなんですかね？

先生　そのように考えて頂いて問題ありません。もう少し正確にいうなら、私たちはしばしば息苦しいにも拘わらず「畜群」に成り下がろうとしてしまいます。それが問題なのです。そのとき、「畜群」になるということは絶え間ない自己否定を意味し、長い時間をかけて私たちに疲労を蓄積させていきます。

ただし、もし私たちがそういう自分の姿を自覚できるなら、「畜群」であることを止めようと心に決めることも可能になります。

麻衣 それが自分の人生を自分で決断するとき、ということですか。

先生 その通りです。「畜群」であることが変わらないことを求めるのに対して、決断は変わることを求めます。繰り返しになりますが、人生は不確かです。この世界にはどこにも絶対的に確かなものがありません。そうである以上、私たちの前には無限の可能性が広がっています。私たちは何者にもなれるのです。麻衣さんは、みんなと同じように就活に勤《いそ》しむこともできるし、一念発起して画家になることだってできます。決断するということは、自分が何にでもなれるということ、無限に変わりうるということを受け入れることです。

しかし、変わりうるということは「畜群」的ではありません。麻衣さんが周囲から文化系女子として認められているとき、そうであるにも拘わらず麻衣さんが文化系女子的ではない振る舞いをしたり、あるいは自分が文化系女子ではないこともできるということを仄《ほの》めかせば、周囲の人々は麻衣さんを疑わしく思うはずです。「麻衣って子、何だかよく分からないよね」と陰口を叩かれるかも知れません。

麻衣 私はそういう光景を女子社会のなかでイヤってほど見てきましたよ。

先生　従って、自分を変えるという決断は「畜群」から抜け出ること、いわば周囲の人々と決別することを意味しています。次の詞を見てください。

サヨナラを誰かに告げるたびに
僕らまた変われる　強くなれるかな

先生　ここでは、「サヨナラを誰かに告げる」ことが自分を変えることであり、そして「強く」なることであるともいわれています。ただし、その強さは周囲の人々に対して反逆するような強さではありません。次の部分も見てみましょう。

ありのままの弱さと　向き合う強さを
つかみ　僕ら　初めて　明日へと　駆ける

先生　「強さ」とは「ありのままの弱さと　向き合う」力です。それは、言い換えるなら、仲の良い友達と群れることの居心地の良さに負けて、自分自身から目を逸らしてしまう「弱さ」を受け入れる力です。

「畜群」は自分が「畜群」であることに気づきません。世間に囚われ切っているとき、私たちは自分が人から嫌われないように自己欺瞞をしていることをまったく意識しません。むしろ、そうした「畜群」と決別し、孤独になり、自分自身の不安に直面したとき、私たちは初めて自分の「弱さ」を目の当たりにします。孤独でいることは誰だって辛いです。誰の助けも借りずに不安と向き合うことは誰だって苦しいです。しかし、まずその辛さと苦しさを受け入れることが、自分を肯定するための第一歩なのです。

私の孤独と他者の孤独

麻衣　先生、やっぱり納得できません!!

先生　おっと、いつになく強気ですね。なぜでしょう?

麻衣　だって、私たちは第一章では自分を知るために他者との関係を知らないといけないという結論に辿りついて、それから第二章では恋愛について考えたわけですよ。もし、人生を肯定するために孤独にならないといけないなら、他者も恋愛もいらないっていうことになって、結局全部無駄だったたっていうことになりませんか?

先生　ふむ。これは痛いところを突かれました。麻衣さんの反論はもっともです。ただ他方で、私たちは他者と分かり合うことがいかに困難であるかについても議論したはずです。復習になりますが、第二章では二つの概念を導入して議論していましたね。麻衣さん、覚えていますか？

麻衣　ええと、共同性と、他者性、でしたっけ？

先生　その通り。共同性は、「私」と他者が一つになっているように感じられることであり、他者性は、これと反対に、「私」と他者との間に絶対的な断絶があるという状態のことです。第二章での私たちの結論は、恋愛をしているときには共同性が強く実感されるけれど、しかしだからといって他者性を乗り越えることはできない、ということでした。結局、「私」と他者は分かり合えない、ということです。

麻衣　ううむ……だからやっぱり孤独になるしかない、っていうことですか？

先生　いいえ、そうとも限りません。この章で人生について考えてきた私たちなら、共同性とは違った形での他者との連帯を考えることができるはずです。たとえば次の詞を見てください。

永遠など無いと　気づいたときから

笑い合ったあの日も　唄い合ったあの日も
強く　深く　胸に　刻まれていく
だからこそあなたは　だからこそ僕らは
他の誰でもない　誰にも負けない
声を　挙げて
〝わたし〟を　生きていくよと
約束したんだ　ひとり　ひとり
ひとつ　ひとつ
道を　選んだ

先生　ここでは「道を　選んだ」という決断の瞬間が描かれています。その決断を支えているのは「永遠など無い」という洞察であり、言い換えるなら、「私」は変わらなければならないという確信です。「私」は「〝わたし〟を　生きていく」と決断し、その決断は「ひとり」「ひとつ」のものであり、言い換えるなら、みんなで一緒に選ぶことはできないものです。「私」は自分の人生を孤独に決断しているのです。

しかし、孤独に決断をしているのは「私」だけではありません。詞の表現に

麻衣　注目すれば、ここでは「だからこそあなたは」と「だからこそ僕らは」が交錯しています。「私」が孤独な決断をするのと同様に、「あなた」も孤独に「あなた」の人生を決断しています。その意味において、「私」と「あなた」は自分の人生を肯定する者同士として共通点をもっていることになります。

先生　それってつまり、「お互い孤独で友達いなくて辛いよねー」って言い合える友達ができる、っていうことですか？

麻衣　まったく違います。

先生　鮮やかに全否定された……。

「星の友情」

先生　具体例を使って考えてみましょう。再び、就活中に画家になることを目指した麻衣さんに登場して頂きます。

麻衣　はいはい。どうも、このたび画家になることを決断した麻衣でございます。

先生　もし麻衣さんが周囲の反対を押し切って画家を目指すのだとすれば、そのとき麻衣さんはもはや周りの友人たちと群れてはいないということになります。ある日、そんな麻衣さんの姿を見て、「私はツチノコハンターになる」と決断する友人が現れたとしましょう。

麻衣 すごい人が現れましたね。

先生 その人は、海外に旅立ち、ツチノコハンター見習いになります。麻衣さんとツチノコハンター見習いはともに自分の人生を孤独に決断しているのであり、群れを離れようとしています。見方を変えれば、群れを離れているという意味では共通点をもっている、ということもできます。ただし、注意してください、このとき麻衣さんとツチノコハンター見習いは二人で新しい群れを作っているのではありません。二人はあくまで孤独です。しかし、孤独に生きる強さをもっているという意味で、志を同じくする者でもあるのです。

麻衣 ああ、つまり孤独な者同士で慰め合うわけではない、ということですか。

先生 その通り。ニーチェはこうした人間関係を「星の友情」という比喩で表現しています。

麻衣 あら、かわいい。

先生 その喩えでは孤独な者同士の友情が二つの星として描かれています。
　例えば、二つの彗星が宇宙空間を並んで飛んでいるとしましょう。双子の彗星です。二つの星は長い間どんなときも一緒に飛んでいました。ところが、あるときに大きな惑星の傍《そば》を通ってしまったために、重力のバランスに狂いが生

じてしまいます。それによって、二つの彗星はそれぞれ別の進路を飛ばなければならなくなります。

麻衣 双子の星が離れ離れになってしまうのですね……。

先生 はい。二つの彗星はどんどん離れていきます。二つの星はもしかしたらもう二度とめぐり合うことはないかも知れません。

しかし、だからといって二つの星がそれっきり無関係になるわけではありません。なぜなら、二つの星は同じ物理法則に従っているという点で共通点をもつからです。

麻衣 ん？ えーと、物理法則というのは、具体的にはどういうことですか？

先生 そのままですよ。例えば、重力の法則や質量保存の法則などです。彗星の進路はそうした法則によって決定されています。二つの彗星が引き裂かれてしまったのも、物理法則に従って重力がそう働きかけたからです。双子の彗星は、どれだけ離れ離れになっても、この物理法則に属しているという点では共通しています。いわば、同じ秩序に属する同志であり続けるということです。ニーチェはこうした点に注目し、離れ離れになっていく者同士の間にも友情は交わされうるのだと主張しました。

「星の友情」を人間の世界に置き換えてみましょう。麻衣さんとツチノコハンタ―見習いは互いに孤独に自分の人生を決断しています。二人は誰とも群れていません。しかし、たとえ群れていないのだとしても、二人は孤独な決断をしているという共通点をもちます。そこには群れるのではない友情の可能性を見出すことができるはずです。二つの星が離れ離れになっていきながらも大きな法則を共有しているように、麻衣さんとツチノコハンター見習いもまた、どんなに離れ離れになっても、孤独な決断をしているのだという誇りを共有しているはずです。それはまさに「星の友情」に他なりません。

麻衣　うーむ、なるほど……。でも先生、「星」と「友情」がセットになることにすごい違和感があるんですけど……。

先生　まぁ、もちろんこれはあくまでもメタファーです。私の推測ですが、ニーチェが「星」を比喩に使った理由は、恐らく西洋の文化圏において星空が尊敬の対象であったことと関係しているでしょう。事実ニーチェは、「星の友情」とは互いを尊敬し合う関係であると主張しています。

　孤独は誰にとっても辛いです。ですが、だからこそ自分の道を進むことを選んだ他者に私たちは敬意を抱くことができます。そんな風にして、「私」から離れていく他者の決断を尊敬すること、離れ離れになっていく他者を祝福すること、そこにこそ「畜群」を超えた連帯の可能性が見出せるはずです。

曲中でもこうした連帯のあり方が印象的に描かれています。次の詞です。

サヨナラは悲しい言葉じゃない
それぞれの夢へと僕らを繋ぐ YELL
いつかまためぐり逢うそのときまで
忘れはしない誇りよ　友よ　空へ

僕らが分かち合う言葉がある
こころからこころへ　声を繋ぐ YELL
ともに過ごした日々を胸に抱いて
飛び立つよ　独りで　未来《つぎ》の　空へ

先生　ここでは、「サヨナラ」が「悲しい言葉」ではなく「YELL」なんだ、というこの曲の根幹をなすメッセージが繰り返されます。そしてそれは「それぞれの夢へと僕らを繋ぐ」ものであり、「こころからこころへ　声を繋ぐ」ものです。この主張は極めて大胆であり、そして「星の友情」の本質を見事に表現しています。なぜなら、ここでいわれていることは、別れを告げることこそが私たちを繋ぐということに他ならないからです。

麻衣　なるほど。普通だったら、別れを告げることは繋がりを断つことですよね。

先生　その通り。この詞はその常識をひっくり返しているのです。「畜群」の観点から見れば、「サヨナラ」は人間関係の終わりでしかありません。しかし「星の友情」の観点から見れば、それは自分の人生を孤独に歩んでいくことへの「YELL」であり、つまり励ましであり、その決別こそが私たちを連帯させるということになるでしょう。このとき「私」は、自分のもとから離れていく「友」が「誇り」をもって「独りで」歩んでいくことを、敬意をもって祝福しているのです。

他者への尊敬と、自分への誇り

麻衣　むむむ。ねぇ先生、最後に一つだけ質問があるんですけど。

先生　何でしょう？

麻衣　私たち、この章ではずっと就活を悪いことみたいに話してきたじゃないですか。でも、自分の人生の決断として就活することを選ぶんだったら、それは決して悪いことではないと思うんですけど。

先生　つまり、「畜群」として就活するのではなく、自らの決断に基づいて就活する、ということですか？

麻衣　はい、そんな感じです。

先生　ふむ。確かに、そうしたことも可能かも知れません。私たちは議論を分かりやすくするために、就活を「畜群」的なものとして性格づけ、これに対して画家になることを決断に基づく人生として性格づけました。当然これは便宜的な区別でしかありません。ただ、うーむ。

麻衣　ただ、何ですか？

先生　たとえ、決断に基づく就活を考えることができるのだとしても、そこで選択されているのは、あくまでみんなと同じような生き方でしかない、ということになります。

麻衣　確かに……。でも、たとえそうだとしても、何の問題もないように思うんです。大切なことは、空気を読んで周りに合わせて生きるのではなくて、自分で自分の人生を選び取る、っていうことですよね。

先生　その通りです。

麻衣　そうだとしたら、選び取られる人生が何であるかよりも、それを選び取るのが自分である、っていうことが大事だと思うんですよね。

先生　なるほど。麻衣さんは、決断される内容と、その決断をするという主体的な行為を区別しているわけですね。この区別は重要です。そして、君が言う通り、私たちは後者を重要なものとして考えてきました。

麻衣　あ、先生、なんだか私、色々なこと一気に分かってしまったような気がします。

先生　ほほう。是非語ってください。

麻衣　私たちの人生は不安でいっぱいです。だから、自分のことがよく分からなくなって、「自分らしさ」を確かめるために、人とは違った個性がないといけないんだ、って思ってしまう。でも、「自分らしさ」なんてそもそも分からないし、人とは違った個性を演じることも、結局は人目を気にしてビクビクすることでしかない。それが「世間」のなかで「畜群」になるっていうことですよね。

先生　その通りだと思います。

麻衣　そうだとしたら、「畜群」の状態から自分を解放してくれる決断が、人と違った人生を選ぶことである必要はない、と思うんです。だって、人と違わないといけない、と思うこと自体が、「畜群」の状態なんですから。

先生　ふむ。仰《おっしゃ》ることはよく分かります。麻衣さんが主張するように、他人に迎合しているにも関わらず、人とは違う「自分らしさ」を追い求めてしまうという点に、「畜群」の逆説的な性格が示されています。

ただ、一つお聞きしたいことがあります。麻衣さんの解釈に従えば、たとえ人と同じような人生であったとしても、その人生を主体的に選択することは、「畜群」を超えた決断である、ということになります。それは具体的にはどう説明されるのでしょう？


麻衣 多分、こういうことだと思います。私たちの多くは、就職して、社会に出て働いて、毎日同じことを繰り返すような生活を始めなくちゃいけません。きっと私もそう。そういう意味では、私たちは他の人と同じような人生を送らないといけない。

でも、だからといって、空気を読んで自分を見失っているとは限らない。むしろ、そういう生活のなかで、自分の人生を表現して、その人生を肯定することもできるんだと思います。

たとえば、愛する人との家庭を守るために働くとか、人々の記憶に残る作品を作るために働くとか、社会で困っている人を助けるために働くとか……。そういう、自分にとって大切だと思えることを胸に抱いて人生を選んでいるなら、たとえ人と同じような人生であったとしても、その人は「畜群」ではないと思います。

先生　なるほど。しかしその場合、「畜群」として平凡な人生を歩むことと、決断に基づいて平凡な人生を歩むことの間には、どのような違いが見出されるのでしょう？

麻衣　うーん、先生の話を応用すると、多分そこを見分けるポイントはあると思うんですよね。

先生　それは何でしょう？

麻衣　自分と違う生き方をしている人を、尊敬できるかどうかです。だって、もし私が決断に基づいて人生を選んでいるなら、同じように決断に基づいて人生を選んでいる他者を尊敬できるはずですから。

先生　その人が、たとえ平凡な人生を歩んでいる麻衣さんを批判したとしても、ですか？

麻衣　はい。きっとそんなことは関係ないんです。そういう人を心から尊敬できるようになれるなら、人と同じような人生であったとしても、私は自分を見失わないで生きていけるのだと思います。

先生　では、最後の質問です。そのときの「自分を見失わないで生きる」とは、一体何を意味しているのでしょう？

麻衣　えーと、うーん……。そう言われると難しいなぁ……。

先生　はい。これは極めて難しい問いだと思います。

麻衣　今、私が考えることのできる答え、っていうことでもいいですか？

先生　もちろんです。

麻衣　多分それは、自分を恥ずかしく思わないっていうことだと思います。この詞の言葉を使うなら、自分を「誇り」に思える、っていうことかな。

先生　……なるほど。もしかしたらそれが、私たちが辿り着いた一つの答えなのかも知れませんね。

***フリードリッヒ・ヴィルヘルム・ニーチェ**（Friedrich Wilhelm Nietzsche）一八四四―一九〇〇。ドイツの哲学者。アフォリズムの形式によって本を書き、「超人」や「永劫回帰」といった象徴的な概念を用い、色々な意味で型破り。「神は死んだ」という言葉でも有名。主著に『悦ばしき知識』『道徳の系譜』『ツァラトゥストラかく語りき』などがある。

おわりに

先生　麻衣さん、お疲れさまでした。これですべての考察を終えたことになります。

麻衣　いやー、ジェットコースターに乗った後のような気分です。

先生　はい。この本で取り上げた問題はどれをとっても重大なものです。本来ならもっとじっくり考えるべきものだったかも知れません。ただ、その分だけ私たちは様々なテーマを網羅的に扱うことができたと思います。

麻衣　でも、意外と底のほうではどの問題もつながっているような気もしました。なんていうか……一番大切なことはシンプルで、でもそれをちゃんと考えようとすると、色々な概念を使わないといけなくなる、みたいな。

先生　ふむ、その感覚には共感します。そして、そのシンプルなものの手触りを感じることが、哲学をするためには欠かせないものなのかも知れません。

麻衣　先生はこの本の最初で、私たちは私たちの問題を考えるんだ、って言ってましたよね。私、なんだかその意味が分かった気がします。私たちは今まで、色々なテーマについて、色々な曲を取り上げ、色々な哲学者を参考にしながら考えてきましたよね。でも、結局はそれはどれも私自身の問題でもあるんですよ。だからこそ、深く悩んでしまうし、ああじゃないこうじゃないって考えてしまう。

先生　その通りです。そして、その感覚を抱いて頂くことこそがJポップを取り上げることの最大の狙いでした。

麻衣　なるほど。……なんか悔しいけど、納得です。

先生　最後に一つだけ、先生として付け加えておきます。

麻衣　はい、なんでしょう?

先生　私たちは最後の章では決断という概念を使って議論をしました。それだけを聞くと、まるで今すぐ決断を迫られているように感じられるかも知れません。しかしそんなことはありません。哲学をする上で大切なことは急がないことです。答えを焦る必要はありません。一度出してしまった答えを後で訂正することだってできます。私たちにはいつだって初めから考え直すことができます。思索はそうした繰り返しによって深まっていくのです。
　それは、散歩をすることにも似ています。私たちは散歩をするとき、どこかの目的地に向かって歩くわけではありません。宛《あ》てもなくぶらぶらと歩くことが散歩です。決まったルートがあったっていいし、なくたっていいです。そこが毎日通っている場所であっても、違ったところを見ながら歩くことだってできます。唐突に出会った猫やカラスと目を見合わせることだってあるでしょう。そんな風にして、私たちは慣れ親しんだ場所に新しい何かを発見することができます。

哲学も同じです。宛てもなく思索を繰り返しながら、私たちは新しい目で世界を眺め、今までとは違った形で物事を理解していきます。しかし、そのためにはゆっくりと考えることが大切です。同じところを行ったり来たりしながら、決して焦ることなく、のんびりと考えるのです。

麻衣 あ、でも確かに、哲学的なことって散歩をしているときにふわふわと考えたりしますよね。取り留めもなく何かを考えたり……。

先生 それは決して偶然ではないでしょう。そして、哲学とはそれくらい私たちの身近にあるものなのです。

さて麻衣さん、今までアシスタント役を引き受けてくれてありがとうございました。おかげ様で実り豊かな対話になったと思います。

麻衣 いえいえ、とんでもない。お役に立てたか分からないですけど、とりあえず私は楽しかったです。

先生　お礼といってはなんですが、ちょっとご馳走させてくださいよ。
麻衣　え！　なんですって！　喜んで！
先生　歩きながらフランクフルトでも食べましょう。
麻衣　ああ、はぁ……百歩譲って座って食べたいです……。

謝辞

本書は、学生による出版コンペティション「出版甲子園」の第十一回大会において筆者が発表した企画を原案にしている。本書の企画・立案に際し担当者として継続的にアドバイスを与えてくれた出版甲子園実行委員会の清水小百合氏および丸山瑛野氏に感謝をしたい。また、同大会において本企画に可能性を認め、一冊の書籍にするにあたり尽力してくださった講談社の西川浩史氏にも、この場を借りて深く感謝する。

本書は文庫書下ろしです。
JASRAC 出 1604990-505

|著者| 戸谷洋志　1988年、東京生まれ。大阪大学国際共創大学院学位プログラム推進機構、特任助教。博士（文学）。専門は哲学・倫理学。第11回「涙骨賞」奨励賞、第31回「暁烏敏賞」第一部門（哲学・思想）を受賞。ドイツの現代思想を中心に研究しながら、一般読者に開かれた哲学の実践にも関心をもっており、各地で対話型ワークショップ「哲学カフェ」を行っている。

Ｊ《ジェイ》ポップで考《かん》える哲学《てつがく》　自分《じぶん》を問《と》い直《なお》すための15曲《きょく》

戸谷洋志《とやひろし》

© Hiroshi Toya 2016

2016年９月15日第１刷発行
2025年６月11日第５刷発行

発行者——篠木和久
発行所——株式会社　講談社
東京都文京区音羽2-12-21　〒112-8001
電話　出版（03）5395-3510
　　　販売（03）5395-5817
　　　業務（03）5395-3615

Printed in Japan

講談社文庫
定価はカバーに
表示してあります

KODANSHA

デザイン—菊地信義
本文データ制作—講談社デジタル製作
印刷———株式会社KPSプロダクツ
製本———株式会社KPSプロダクツ

落丁本・乱丁本は購入書店名を明記のうえ、小社業務あてにお送りください。送料は小社負担にてお取替えします。なお、この本の内容についてのお問い合わせは講談社文庫あてにお願いいたします。

本書のコピー、スキャン、デジタル化等の無断複製は著作権法上での例外を除き禁じられています。本書を代行業者等の第三者に依頼してスキャンやデジタル化することはたとえ個人や家庭内の利用でも著作権法違反です。

ISBN978-4-06-293489-3

講談社文庫刊行の辞

二十一世紀の到来を目睫に望みながら、われわれはいま、人類史上かつて例を見ない巨大な転換期をむかえようとしている。

世界も、日本も、激動の予兆に対する期待とおののきを内に蔵して、未知の時代に歩み入ろうとしている。このときにあたり、創業の人野間清治の「ナショナル・エデュケイター」への志を現代に甦らせようと意図して、われわれはここに古今の文芸作品はいうまでもなく、ひろく人文・社会・自然の諸科学から東西の名著を網羅する、新しい綜合文庫の発刊を決意した。

激動の転換期はまた断絶の時代である。われわれは戦後二十五年間の出版文化のありかたへの深い反省をこめて、この断絶の時代にあえて人間的な持続を求めようとする。いたずらに浮薄な商業主義のあだ花を追い求めることなく、長期にわたって良書に生命をあたえようとつとめるところにしか、今後の出版文化の真の繁栄はあり得ないと信じるからである。

同時にわれわれはこの綜合文庫の刊行を通じて、人文・社会・自然の諸科学が、結局人間の学にほかならないことを立証しようと願っている。かつて知識とは、「汝自身を知る」ことにつきていた。現代社会の瑣末な情報の氾濫のなかから、力強い知識の源泉を掘り起し、技術文明のただなかに、生きた人間の姿を復活させること。それこそわれわれの切なる希求である。

われわれは権威に盲従せず、俗流に媚びることなく、渾然一体となって日本の「草の根」をかたちづくる若く新しい世代の人々に、心をこめてこの新しい綜合文庫をおくり届けたい。それは知識の泉であるとともに感受性のふるさとであり、もっとも有機的に組織され、社会に開かれた万人のための大学をめざしている。大方の支援と協力を衷心より切望してやまない。

一九七一年七月

野間省一

月村了衛　神子上《みこがみ》典膳《てんぜん》
月村了衛　悪の五輪
辻堂　魁《かい》　落暉《ゆうひ》に燃ゆる〈大岡裁き再吟味〉
辻堂　魁　山桜花〈大岡裁き再吟味〉
辻堂　魁　うつし絵〈大岡裁き再吟味〉
フランソワ・デュボワ　太極拳が教えてくれた人生の宝物〈中国・武当山90日間修行の記〉
手塚マキと歌舞伎町ホスト80人 from Smappa! Group　ホスト万葉集〈文庫スペシャル〉
土居良一　海翁伝
鳥羽　亮　金貸し権兵衛〈鶴亀横丁の風来坊〉
鳥羽　亮　提《ちょう》灯《ちん》斬り〈鶴亀横丁の風来坊〉
鳥羽　亮　お京危うし〈鶴亀横丁の風来坊〉
鳥羽　亮　狙われた横丁〈鶴亀横丁の風来坊〉
東郷　隆　上田　信　絵　【絵解き】雑兵足軽たちの戦い〈歴史・時代小説ファン必携〉
堂場瞬一　八月からの手紙
堂場瞬一　壊れる心〈警視庁犯罪被害者支援課〉
堂場瞬一　邪心〈警視庁犯罪被害者支援課2〉
堂場瞬一　二度泣いた少女〈警視庁犯罪被害者支援課3〉
堂場瞬一　身代わりの空(上)(下)〈警視庁犯罪被害者支援課4〉
堂場瞬一　影の守護者〈警視庁犯罪被害者支援課5〉
堂場瞬一　不信の鎖〈警視庁犯罪被害者支援課6〉
堂場瞬一　空白の家族〈警視庁犯罪被害者支援課7〉
堂場瞬一　チェンジ〈警視庁犯罪被害者支援課8〉
堂場瞬一　聖刻〈警視庁総合支援課0〉
堂場瞬一　誤《あやま》ちの絆〈警視庁総合支援課〉
堂場瞬一　最後の光〈警視庁総合支援課2〉
堂場瞬一　昨日への誓い〈警視庁総合支援課3〉
堂場瞬一　傷
堂場瞬一　埋れた牙
堂場瞬一　Killers(上)(下)
堂場瞬一　虹のふもと
堂場瞬一　ネタ元
堂場瞬一　ピットフォール
堂場瞬一　ラットトラップ
堂場瞬一　ブラッドマーク
堂場瞬一　焦土の刑事
堂場瞬一　動乱の刑事
堂場瞬一　沃野の刑事
堂場瞬一　ダブル・トライ
土橋章宏　超高速！　参勤交代
土橋章宏　超高速！参勤交代　リターンズ
戸谷洋志　Jポップで考える哲学〈自分を問い直すための15曲〉
富樫倫太郎　信長の二十四時間
富樫倫太郎　スカーフェイス〈警視庁特別捜査第三係・淵神律子〉
富樫倫太郎　スカーフェイスII　デッドリミット〈警視庁特別捜査第三係・淵神律子〉
富樫倫太郎　スカーフェイスIII　ブラッドライン〈警視庁特別捜査第三係・淵神律子〉
富樫倫太郎　スカーフェイスIV　デストラップ〈警視庁特別捜査第三係・淵神律子〉
豊田　巧　警視庁鉄道捜査班〈鉄血の警視〉
豊田　巧　警視庁鉄道捜査班〈鉄路の牢獄〉
砥《と》上《がみ》裕《ひろ》將《まさ》　線は、僕を描《えが》く
砥上裕將　7.5グラムの奇跡
遠田潤子　人でなしの櫻
夏樹静子　新装版　二人の夫をもつ女
中井英夫　新装版　虚無への供物(上)(下)
中村敦夫　狙われた羊
中島らも　僕にはわからない
中島らも　今夜、すべてのバーで〈新装版〉
鳴海　章　フェイスブレイカー

鳴海 章 謀略航路
鳴海 章 全能兵器AiCO《アイコ》
中嶋博行 新装版 検察捜査
中村天風 運命を拓く〈天風瞑想録〉
中村天風 叡智のひびき〈天風哲人 箴言註釈《しんげんちゅうしゃく》〉
中村天風 真理のひびき〈天風哲人 新箴言註釈《しんげんちゅうしゃく》〉
中山康樹 ジョン・レノンから始まるロック名盤
梨屋アリエ でりばりぃAge
梨屋アリエ ピアニッシシモ
中島京子 妻が椎茸だったころ
中島京子 オリーブの実るころ
中島京子ほか 黒い結婚 白い結婚
奈須きのこ 空の境界(上)(中)(下)
中村彰彦 乱世の名将 治世の名臣
長野まゆみ 箪笥のなか
長野まゆみ レモンタルト
長野まゆみ チマチマ記
長野まゆみ 冥途あり
長野まゆみ 45°〈ここだけの話〉

長嶋 有 夕子ちゃんの近道
長嶋 有 佐渡の三人
長嶋 有 もう生まれたくない
長嶋 有 ルーティーンズ
永嶋恵美 擬態
永井 均 内田かずひろ 絵 子どものための哲学対話
なかにし礼 戦場のニーナ
なかにし礼 生きる力〈心でがんに克《か》つ〉
なかにし礼 夜の歌(上)(下)
中村文則 最後の命
中村文則 悪と仮面のルール
中田整一 編/解説 真珠湾攻撃総隊長の回想〈淵田美津雄自叙伝〉
中田整一 四月七日の桜〈戦艦「大和」と伊藤整一の最期〉
中村江里子 女四世代、ひとつ屋根の下
中野美代子 カスティリオーネの庭
中野孝次 すらすら読める方丈記
中野孝次 すらすら読める徒然草
中山七里 贖罪の奏鳴曲《ソナタ》
中山七里 追憶の夜想曲《ノクターン》

中山七里 恩讐の鎮魂曲《レクイエム》
中山七里 悪徳の輪舞曲《ロンド》
中山七里 復讐の協奏曲《コンチェルト》
長島有里枝 背中の記憶
長浦 京 赤《セキ》刃《ジン》
長浦 京 リボルバー・リリー
長浦 京 マーダーズ
中脇初枝 世界の果てのこどもたち
中脇初枝 神の島のこどもたち
中村ふみ 天空の翼 地上の星
中村ふみ 砂の城 風の姫
中村ふみ 月の都 海の果て
中村ふみ 雪の王 光の剣
中村ふみ 永遠《とわ》の旅人 天地の理《ことわり》
中村ふみ 大地の宝玉 黒翼《こくよく》の夢
中村ふみ 異邦の使者 南天の神々
夏原エヰジ Cocoon〈修羅の目覚め〉
夏原エヰジ Cocoon2〈蠱惑の焔〉
夏原エヰジ Cocoon3〈幽世の祈り〉

日本推理作家協会編　Doubt《ダウト》 きりのない疑惑〈ミステリー傑作選〉
日本推理作家協会編　Bluff《ブラフ》 騙し合いの夜〈ミステリー傑作選〉
日本推理作家協会編　ベスト8ミステリーズ2015
日本推理作家協会編　ベスト6ミステリーズ2016
日本推理作家協会編　ベスト8ミステリーズ2017
日本推理作家協会編　2019ザ・ベストミステリーズ
日本推理作家協会編　2020ザ・ベストミステリーズ
日本推理作家協会編　2021ザ・ベストミステリーズ
二階堂黎人　ラン迷宮〈二階堂蘭子探偵集〉
二階堂黎人　増加博士の事件簿
二階堂黎人　巨大幽霊マンモス事件
新美敬子　猫のハローワーク
新美敬子　猫のハローワーク2
新美敬子　世界のまどねこ
新美敬子　猫とわたしの東京物語
西澤保彦　新装版 七回死んだ男
西澤保彦　人格転移の殺人
西澤保彦　夢魔の牢獄
西村　健　ビンゴ

西村　健　地の底のヤマ(上)(下)
西村　健　光陰の刃《やいば》(上)(下)
西村　健　目撃
西村　健　激震
楡　周平　修羅の宴(上)(下)
楡　周平　バルス
楡　周平　サリエルの命題
楡　周平　サンセット・サンライズ
西尾維新　クビキリサイクル〈青色サヴァンと戯言遣い〉
西尾維新　クビシメロマンチスト〈人間失格・零崎人識〉
西尾維新　クビツリハイスクール〈戯言遣いの弟子〉
西尾維新　サイコロジカル(上)〈兎吊木垓輔の戯言殺し〉／(下)〈曳かれ者の小唄〉
西尾維新　ヒトクイマジカル〈殺戮奇術の匂宮兄妹〉
西尾維新　ネコソギラジカル(上)〈十三階段〉
西尾維新　ネコソギラジカル(中)〈赤き征裁vs.橙なる種〉
西尾維新　ネコソギラジカル(下)〈青色サヴァンと戯言遣い〉
西尾維新　ダブルダウン勘繰郎《かんくろう》 トリプルプレイ助悪郎《スケアクロウ》
西尾維新　零崎双識の人間試験
西尾維新　零崎軋識《ぜろざききしき》の人間ノック

西尾維新　零崎曲識の人間人間
西尾維新　零崎人識の人間関係 匂宮出夢との関係
西尾維新　零崎人識の人間関係 無桐伊織との関係
西尾維新　零崎人識の人間関係 零崎双識との関係
西尾維新　零崎人識の人間関係 戯言遣いとの関係
西尾維新　xxxHOLiC アナザーホリック ランドルト環《かん》エアロゾル
西尾維新　難民探偵
西尾維新　少女不十分
西尾維新　本題〈西尾維新対談集〉
西尾維新　掟上《おきてがみ》今日子《きょうこ》の備忘録
西尾維新　掟上今日子の推薦文
西尾維新　掟上今日子の挑戦状
西尾維新　掟上今日子の遺言書
西尾維新　掟上今日子の退職願
西尾維新　掟上今日子の婚姻届
西尾維新　掟上今日子の家計簿
西尾維新　掟上今日子の旅行記
西尾維新　掟上今日子の裏表紙
西尾維新　新本格魔法少女りすか

林　真理子　新装版 星に願いを
林　真理子　野心と美貌〈中年心得帳〉
林　真理子　正　妻(上)(下)
林　真理子　大《お》原《はら》御《ご》幸《こう》〈帯に生きた家族の物語〉
林　真理子　さくら、さくら〈おとなが恋して〈新装版〉〉
林　真理子　奇　跡
林 真理子 見城 徹　過剰な二人
原田宗典　ス　メ　ル　男〈新装版〉
帚木蓬生　日　御　子(上)(下)
帚木蓬生　襲　来(上)(下)
坂東眞砂子　欲　情
畑村洋太郎　失敗学のすすめ
畑村洋太郎　失敗学実践講義〈文庫増補版〉
はやみねかおる　都会《まち》のトム&ソーヤ(1)
はやみねかおる　都会《まち》のトム&ソーヤ(2)〈乱！ RUN！ ラン！〉
はやみねかおる　都会《まち》のトム&ソーヤ(3)〈いつになったら作《ミッ》戦《ション》終了？〉
はやみねかおる　都会《まち》のトム&ソーヤ(4)〈四重奏《カルテット》〉
はやみねかおる　都会《まち》のトム&ソーヤ(5)〈I'N塀戸〉(上)(下)
はやみねかおる　都会《まち》のトム&ソーヤ(6)〈ぼくの家へおいで〉
はやみねかおる　都会《まち》のトム&ソーヤ(7)《怪人は夢に舞う〈理論編〉》
はやみねかおる　都会《まち》のトム&ソーヤ(8)《怪人は夢に舞う〈実践編〉》
はやみねかおる　都会《まち》のトム&ソーヤ(9)〈前夜祭 内人《ないと》side〉
はやみねかおる　都会《まち》のトム&ソーヤ(10)〈前夜祭 創也side〉
半藤一利　人間であることをやめるな
半藤末利子　硝子戸のうちそと
原　武史　滝山コミューン一九七四
原　武史　最　終　列　車
濱　嘉之　警視庁情報官〈シークレット・オフィサー〉
濱　嘉之　警視庁情報官　ハニートラップ
濱　嘉之　警視庁情報官　トリックスター
濱　嘉之　警視庁情報官　ブラックドナー
濱　嘉之　警視庁情報官　サイバージハード
濱　嘉之　警視庁情報官　ゴーストマネー
濱　嘉之　警視庁情報官　ノースブリザード
濱　嘉之　ヒトイチ　警視庁人事一課監察係
濱　嘉之　ヒトイチ　画像解析〈警視庁人事一課監察係〉
濱　嘉之　ヒトイチ　内部告発〈警視庁人事一課監察係〉
濱　嘉之　新装版 院　内　刑　事
濱　嘉之　新装版 院内刑事〈ブラック・メディスン〉
濱　嘉之　院　内　刑　事〈フェイク・レセプト〉
濱　嘉之　院内刑事　ザ・パンデミック
濱　嘉之　院内刑事　シャドウ・ペイシェンツ
濱　嘉之　プライド　警官の宿命
濱　嘉之　プライド2　捜査手法
濱　嘉之　プライド3　警官の本懐
馳　星周　ラフ・アンド・タフ
畠中　恵　アイスクリン強し
畠中　恵　若様組まいる
畠中　恵　若様とロマン
葉室　麟　風　渡　る
葉室　麟　風の軍師〈黒田官兵衛〉
葉室　麟　星　火　瞬　く
葉室　麟　陽《かげ》炎《ろう》の　門
葉室　麟　紫　匂　う
葉室　麟　山月庵茶会記
葉室　麟　津　軽　双　花
長谷川　卓　獄《がく》神《じん》〈上・白鑞渡り〉〈下・湖底の黄金〉

2025年 3 月 14 日現在